CHANTS
ÉLÉGIAQUES

par

L'ABBÉ J.-F. ANDRIEUX.

> Versa est in luctum cithara mea,
> Et organum meum in vocem flentium.
> Job. C. 30. v. 31.

> Le deuil a de mon luth inspiré l'harmonie,
> Il n'a d'accords que pour les pleurs.

TOURS
IMPRIMERIE LADEVÈZE.
1858

CHANTS
ÉLÉGIAQUES

par

L'ABBÉ J.-F. ANDRIEUX.

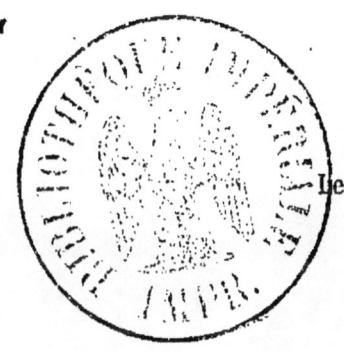

Versa est in luctum cithara mea,
Et organum meum in vocem flentium.
Job. C. 30. v. 31.

Le deuil a de mon luth inspiré l'harmonie,
Il n'a d'accords que pour les pleurs.

TOURS
IMPRIMERIE LADEVÈZE.
1857

PRÉFACE.

C'est moins pour le public que pour mes amis que je me décide à publier enfin ce petit recueil de poésies dont la composition fut pour leur auteur une sorte de baume adoucissant en des jours de souffrances et des nuits de pénibles veilles.

L'origine de la plupart de ces pièces remonte à une date assez éloignée déjà. Sous le rapport des circonstances, ce n'est donc pas une œuvre d'actualité que je livre en pâture à l'avide curiosité des esprits affamés de nouveautés. Peut-être en serait-il autrement sous le rapport du fond; car, pour notre pauvre humanité, le sentiment des douleurs ne cesse guère là le dernier effort d'un orgueil impuissant qui se roidit contre sa propre faiblesse ?

Bien différents nous apparaissent les héros de la foi dans leur résignation sans faiblesse et leur courage sans forfanterie. Au milieu des cruels tourments qu'il endure, le saint vieillard Éléazar ne nie pas la douleur ; mais il souffre de bon cœur plutôt que de souiller ses cheveux blancs par une infraction à la loi de Dieu. De même, saint Étienne priant pour ses meurtriers ; et de même tous les martyrs dont l'invincible patience lassait les forces de leurs bourreaux sans pouvoir ébranler leur courage. Ils avaient donc trouvé le véritable remède, ces hommes si supérieurs à la douleur et aux plus horribles tourments. Et, où l'avaient-ils trouvé sinon dans la Religion qui, seule, sait nous donner, en échange de nos souffrances, la garantie d'une félicité immuable et éternelle ? C'est donc au pied de la croix du roi des martyrs, que nous devons aller puiser ces trésors de force et de résignation qui nous sont nécessaires pour supporter les peines de la vie présente. Oui, c'est dans ce grand modèle du Calvaire et dans les nobles exemples de ses fidèles imitateurs, que nous devons aller chercher le courage et la consolation : nous les chercherions vainement partout ailleurs. Tels sont les sentiments qui ont inspiré ces vers. Heureux, s'ils pouvaient contribuer à adoucir un peu la douleur de quelques pauvres cœurs en proie à la souffrance ! Deux fois heureux s'il m'était donné d'obtenir quelque part dans leurs mérites et leurs saintes prières ! !

CHANT
DÉDICATOIRE

A DIEU.

INVOCATION.

Gloire au Dieu créateur, notre Seigneur et maître.
Trois fois gloire à son Fils qui pour nous daigna naître.
Ah! pour tant de bienfaits et de soins si touchants,
Recevez, ô mon Dieu! le premier de mes chants.
Que votre esprit divin d'un feu sacré m'inspire,
Et dirige les sons de ma novice lyre!
Qu'il guide mon essor et qu'il soit mon soutien
Pour pouvoir me lancer jusqu'au souverain bien,
L'infini, le Dieu bon, enfin l'Être suprême,
Tout-puissant, éternel, son bonheur à lui-même!
Celui par qui tout vit, par qui les animaux,
Et la terre et les cieux, l'immensité des eaux,
Du néant fécondé par sa toute-puissance,
Au seul son de sa voix reçurent l'existence!

I.

LA CRÉATION.

Donc, dans la profondeur des siècles éternels,
Dieu seul était. Voulant à des êtres mortels
Communiquer aussi le bienfait de la vie,
Il manifeste enfin sa puissance infinie.
Le temps a commencé : Dieu sort de son repos,
Et du sein du néant il tire le chaos.
Il en sépare alors le ciel d'avec la terre,
Un seul mot lui suffit; il dit à la lumière :
« Sois! » Docile à sa voix, la lumière jaillit,
Et de son vif éclat le vide se remplit.
Dans l'espace sans borne il lui trace sa route;
De sa main, il étend du ciel l'immense voûte;
Il y suspend au loin d'innombrables saphirs;
Sur l'abîme des eaux s'élancent les zéphirs.
Dans des gouffres profonds ces eaux, il les enferme,
Dès lors, à découvert, paraît la terre ferme,
Mais elle est nue encore et vide d'ornement.
Dieu parle : obéissant à son commandement,
Pour la première fois son sein fécond s'entr'ouvre,
De nombreux végétaux partout elle se couvre :
Un frais et vert gazon tapisse ses flancs nus
Et mille plants divers s'élèvent au-dessus.

Quels genres variés ! les uns rampent sur l'herbe,
Les autres dans les airs lèvent leur front superbe,
Et la sève, s'ouvrant d'invisibles canaux,
Partout porte la vie à leurs nombreux rameaux !
Ils se couvrent déjà de feuilles verdoyantes,
Et bientôt paraîtront mille fleurs odorantes ;
Puis, des fruits détenteurs de leurs germes féconds,
D'où naîtront à leur tour de nouveaux rejetons.

Tous ces arbres muets, à leur place immobiles,
Seront bientôt peuplés de légers volatiles
Aux brillantes couleurs ! Sous leurs rameaux si verts
Retentiront partout de variés concerts !

Aussitôt qu'a parlé la sagesse infinie,
Soudain se manifeste une nouvelle vie.
Que d'animaux divers de forme et de couleur !
Qu'ils diffèrent d'aspect, de port et de grandeur !
Qui se meuvent aux lieux où Dieu marqua leur place.
Ceux-ci, d'un vol hardi s'emparent de l'espace ;
Ceux-là, privés de pieds, nagent au sein des eaux ;
Et, dans leurs mouvements, ces autres, moins dispos,
S'avancent en marchant, ou rampent sur la terre,
Les uns vivant en troupe, et l'autre solitaire,
D'autres avec lenteur traînent leurs corps pesants !
Que ceux-ci sont chétifs ! que ceux-là sont puissants !

D'inégale grandeur, deux vastes luminaires
En mesurant le temps, dans leurs cours circulaires,
Sur tous ses points divers l'éclairent tour à tour.
L'un préside à la nuit, l'autre préside au jour.

Tout annonce de Dieu la sagesse profonde.
Dans un grain de poussière il est peut-être un monde !
Nul ne peut pénétrer ses étonnants secrets,
Tout s'enchaîne et se lie par d'infinis degrés.
Le ciron, que ton œil peut distinguer à peine,
N'est pas moins surprenant que l'énorme baleine :
Il a des nerfs, du sang, des fibres, des humeurs.

Mais pourquoi tant de fruits, de brillantes couleurs?
Le séjour est bien beau ; mais il lui manque un maître :
A tant de corps il faut une âme pour connaître,
Admirer et sentir un si parfait accord.

Ainsi Dieu l'a voulu. Se recueillant d'abord :
« Faisons l'homme, dit-il, à notre ressemblance,
« Doué de liberté, d'amour, de connaissance. »
Et, prenant du limon, il en forme un dessin
Qu'il anime aussitôt de son souffle divin.

Parmi les êtres faits pour vivre sur la terre,
L'homme seul élancé sur sa tige si fière,
S'élève vers le ciel de toute sa hauteur,
Et son front est marqué d'un sceau dominateur;
Et, dans son œil, ainsi qu'en un miroir de flamme,
Viennent se refléter tous les traits de son âme
Comme un mobile écho des vives passions,
Qui fait jaillir l'éclair de leurs impressions.

Telle fut cette noble et belle créature,
Tel fut l'homme, en un mot, le roi de la nature.
Être plein de grandeur! Être fait pour les cieux!
Et qui tomba pourtant d'un rang si glorieux!

Il était un endroit où, plus riche et riante,
La nature étalait sa parure brillante;
Et Dieu l'avait planté d'arbres, de fleurs choisis :
C'était comme au désert une fraîche oasis.
Il se nommait Éden. Quatre sources vantées
Y promenaient en paix leurs ondes argentées
Et semblaient ne pouvoir s'éloigner sans regrets
De ces lieux fortunés et de leurs verts bosquets.

Au souffle des zéphirs, nouvellement écloses,
Parmi les myrtes verts, s'y balancent les roses ;
Et tous les fruits, à l'œil, à la fois les plus beaux,
Les plus exquis au goût, y pendent aux rameaux.
Jamais l'ardent soleil, ni la triste froidure
N'ont terni de ces lieux l'éternelle verdure.
De cet heureux séjour tels étaient les appas
Que Dieu même en personne y dirigeait ses pas,
Alors que de midi surtout arrivait l'heure ;
D'Adam, le nouvel homme, il en fit la demeure.
Il dut le cultiver pour charmer son loisir ;
Mais pour lui c'était moins un travail qu'un plaisir.
De tous les fruits, d'ailleurs, Dieu lui permit l'usage,
Un seul arbre excepté, réservé comme gage
De sa soumission et preuve de sa foi.
Sur tous les animaux il l'établit le roi.

Et de peur que l'ennui peut-être ne le gagne,
Dieu lui voulut encor donner une compagne
Que, dans un doux sommeil, il tira de son flanc ;
Aide semblable à lui, chef-d'œuvre ravissant,
A la taille élégante, aux formes moëlleuses,
Modèle, enfin, d'amour, de charmes, de beauté,
Il faut aussi le dire, et de fragilité!
Ornement non moins beau que funeste à la terre !

Mais dans les régions d'une plus haute sphère,
Il existe déjà des êtres plus parfaits.
Ce sont de purs esprits : c'est Dieu qui les a faits.
Ici, ce sont d'abord les célestes phalanges
Et des Anges ardents et des légers Archanges ;
Prompts et zélés, ce sont les ministres sacrés,
Chargés d'exécuter ses ordres révérés.
Plus haut sont les Vertus ; à diverses distances,
Sont les Principautés, les Trônes, les Puissances,
Les Dominations, les brillants Séraphins
Qui, sur leurs harpes d'or, unis aux Chérubins,
Devant l'Ancien des jours, dont l'amour les embrase,
Chantent dans les transports d'une indicible extase :
« Saint! saint! soit le Seigneur, Dieu de l'éternité!
Tout est plein de sa gloire et de sa majesté!
Gloire, au plus haut des cieux, à sa vertu puissante,
Et que tout rende hommage à sa gloire éclatante! »

Voilà qu'au sein du ciel un grand combat eut lieu.
Un simple esprit osa s'élancer contre Dieu!
Cet esprit révolté, c'était un bel Archange,
Mais fier de sa beauté, par un orgueil étrange,
Il se laisse aveugler! Lucifer fut son nom.

« Je placerai mon trône auprès de l'aquilon,
Dit-il, et je serai semblable à Dieu lui-même.
Je ne servirai plus sa majesté suprême,
Je saurai me passer de son futile appui,
Et je serai moi-même aussi puissant que lui. »

Par d'autres partagé, cet insolent langage
Souleva tout à coup un effrayant orage :
« Qui donc est comme Dieu ? » dit l'archange Michel.
Puis il combat et vainc les révoltés du ciel.

Comme on voit dans ces nuits d'horreur et d'épouvante,
Perçant l'obscurité, la foudre étincelante
Sans interruption, par des milliers d'éclairs,
Sillonner en tous sens l'immense champ des airs,—
Précipités du ciel, tels les anges rebelles
Traçaient leur long sillage en milliers d'étincelles,
En tombant engloutis dans l'abîme éternel.

Alors jetant au ciel un défi criminel
Lucifer tout meurtri du choc de sa défaite,
Ose encor braver Dieu du fond de sa retraite :
« Dieu jaloux, rugit-il, tu l'emportes en vain !
Guerre, guerre sans trêve à ton nom souverain !
Alors même qu'ici ta puissance m'enchaîne,
Tu sentiras encor tout ce que peut ma haine,

Quelque horrible qu'il soit, dans ce séjour de mort,
De nouveaux compagnons partageront mon sort.
Objet de ton amour, soumis, mais libre encore,
L'Homme en tes volontés se complaît et t'adore ;
Mais qu'il tremble ! je veux lui montrer mon pouvoir;
Qu'il ne s'attende pas que, fidèle au devoir,
Il courra sans efforts dans la route facile
Où marche jusqu'ici sa piété tranquille.
Chaque jour, par mes soins, les piéges, les appas
Surgiront, à toute heure, au-devant de ses pas. »

Mais Dieu perçant les cieux de sa voix solennelle :
« Va, superbe, dit-il ; qu'une haine éternelle
S'élève pour jamais entre nos camps rivaux,
Va faire, si tu peux, des complices nouveaux.
Va, je livre le monde aux assauts de ta rage ;
Exerce sans repos ta ruse et ton courage,
Va, cours exécuter tes horribles projets ;
Mais sache qu'à mon tour, même de tes succès,
Moi, je saurai tirer ma gloire et ma vengeance ;
Je n'ai pas épuisé ma féconde puissance ;
Nul ne peut pénétrer dans mes secrets desseins ;
Tu peux à tes projets t'abandonner sans freins,

Te livrer sans relâche au vil instinct de nuire ;
Corrompre, épouvanter, aveugler et séduire.
Que tel soit, j'y consens, désormais ton emploi ;
J'entends que librement on observe ma loi. »

Il dit : et, du serpent revêtant la figure,
Satan court accomplir sa funeste imposture.
Il s'adresse à la femme et l'apostrophe ainsi :
— Pourquoi ne pas manger de tous les fruits d'ici ?
— Un seul arbre excepté nous en mangeons, dit-elle.
— Oh! de vous en priver vous avez tort, ma belle.
— Dieu nous punirait. — Non, répond l'astucieux,
Mais vous deviendriez semblables à des dieux
Si vous mangiez du fruit de l'arbre de science,
Et du bien et du mal vous auriez connaissance. »
Pendant qu'elle écoutait la voix du tentateur
Elle voit la beauté de ce fruit enchanteur,
Et par la gourmandise et l'orgueil entraînée,
Elle en cueille aussitôt, en mange, infortunée!
Auprès de son mari se hâte d'accourir,
Lui montre ce beau fruit et le lui vient offrir.

Par un instinct d'horreur, Adam d'abord résiste ;
La mère des humains de nouveau presse, insiste ;
Il cède; et, pour sa femme, il oublia son Dieu !
Honteux, pour se cacher, il cherche un autre lieu.

A peine a-t-il caché sa honte criminelle,
Il entend une voix : c'est son Dieu qui l'appelle
Et qui lui crie : « Adam ! Adam ! où donc es-tu ?
Pourquoi me fuir ainsi ? — Parce que je suis nu,
J'ai voulu me cacher loin de votre présence.
— C'est que tu n'as pas craint d'enfreindre ma défense,
C'est la cause pourquoi ton état est changé.
— La femme m'a donné du fruit, j'en ai mangé. »
Et la femme, à son tour, d'épouvante frappée,
Répond en s'excusant : « Le serpent m'a trompée. »
Alors vers le serpent Dieu se tourne et lui dit :
« Sur tous les animaux, toi, tu seras maudit ;
Tu ramperas couché : la femme, ta conquête,
Un jour, de son talon, t'écrasera la tête.
Toi, femme, ton mari deviendra ton tuteur
Et tu n'enfanteras qu'en proie à la douleur.
Adam, voici le prix que ta faute mérite :
Par ton méfait, la terre est à jamais maudite ;

Elle ne produira qu'un tribut incertain ;
Au prix de tes sueurs tu mangeras ton pain
Jusqu'à ce que la mort ne vienne te dissoudre :
De la poudre tiré, tu rentreras en poudre.
Voilà le juste prix de ton coupable orgueil. »
Comme un linceul funèbre, un nuage de deuil
Se répandit soudain sur la nature entière,
Et c'en fut fait dès lors de sa beauté première.
Alors couvrant de peaux leurs membres engourdis,
Dieu chassa nos parents du sein du paradis
Pour aller cultiver quelque ingrate contrée,
Sans espoir d'y rentrer ; car Dieu mit à l'entrée
Un Chérubin armé d'un glaive flamboyant
Pour en fermer l'accès à tout être vivant.

II.

LA RÉDEMPTION.

Avec Adam voilà sa race condamnée :
Dieu n'abandonna pas l'homme à sa destinée,
Mais au pécheur confus il promit un sauveur
Qui viendrait de son sort adoucir la rigueur ;
Il leur prédit qu'un jour la femme, sa conquête,
Du serpent infernal écraserait la tête.

Après s'être assuré de tout son dévoûment
Au fidèle Abraham il promet hautement
Que tous seront bénis dans un fils de sa race (1)
Isaac avec lui partage cette grâce (2);
Mais, ce droit, à son frère Esaü le céda (3);
Et Jacob en mourant a désigné Juda (4).

C'est au sang de David que cette gloire est due (5);
Et Daniel a fixé le temps de sa venue (6).
Il naîtra d'une vierge, ô prodige nouveau (7)!
Et c'est à Bethléem que sera son berceau (8).
Des rois de l'Orient viendront le reconnaître
Et voir dans cet enfant leur Seigneur et leur maître ;
Ils viendront à ses pieds déposer leurs présents (9);

(1) Gen. c. 12. v. 3. — (2) Gen. c. 26. v. 4. — (3) Gen. c. 25. v. 33.
(4) Gen. c. 49. v. 10.—(5) Jérém. c. 33. v. 15.—(6) Dan. c. 9. v. 23 et suiv.
(7) Is. c. 7. v. 14. — (8) Mich. c. 5. v. 2. — (9) Ps. 71. v. 9 et suiv.

Et l'or de leur pays et la myrrhe et l'encens;
Et tout couché qu'il est dans une pauvre étable,
Il proclame d'un Dieu la grandeur adorable.

Et puis Rama bientôt retentira de cris ;
C'est Rachel déplorant le trépas de ses fils,
Et qui répand sur eux sa douleur inutile.
Mais l'Egypte au Sauveur doit fournir un asile.
Au fer des ennemis seul il échappera :
Au jour qu'il a fixé Dieu le ramènera.

Cachant à tous les yeux sa puissance infinie,
C'est dans l'obscurité qu'il doit passer sa vie :
Au lieu de commander, le fils du Tout-Puissant
A de simples mortels se fait obéissant.

Il faut pourtant quitter sa retraite profonde;
Dieu demande son sang pour le salut du monde :
Déjà, du haut du ciel, sa voix l'a proclamé
L'objet de sa tendresse et son fils bien-aimé.
Et Jean, le Précurseur, a reconnu d'avance,
Celui qui doit du Ciel apaiser la vengeance,
Et, le montrant au peuple assemblé dans ce lieu,
Il dit en s'inclinant: « Voici l'agneau de Dieu. »

De la rémission le grand œuvre s'apprête ;
Car les eaux du Jourdain, qui coulent sur sa tête,
Ont reçu la vertu d'effacer les péchés.

Ce qu'ayant vu, plusieurs s'en retournaient touchés,
Confessant le Messie et l'annonçant à d'autres.
Alors, pour les former, il choisit douze apôtres,
Hommes grossiers, obtus, des ignorants complets,
Qui pour tout bien avaient leur barque et leurs filets.
Pour mieux faire éclater sa sagesse profonde,
Voilà ceux qu'il destine à réformer le monde !
A celui qui peut tout qu'importe l'instrument ?
Le plus faible, en sa main, n'est-il pas suffisant
Pour opérer soudain les plus grandes merveilles ?
A celles des mortels sont-elles donc pareilles,
Les forces de celui qui, d'un mot, créa tout ,
Dont l'action sans fin se fait sentir partout,
Etonnante toujours, jusque dans un brin d'herbe ,
Qui fait sortir du gland cette tige superbe ?
Quel agent fait rouler ces astres éclatants
Qui font du firmament un champ de diamants ?
Tout meurt et tout renaît : quelle est la main hardie
Qui, du sein de la mort, fait renaître la vie ?

Ces prodiges que Dieu fait à nos yeux surpris,
Il peut les faire aussi dans l'ordre des esprits,
De leurs égarements faire oublier la trace,
Où régnait le péché faire abonder la grâce.
Maître de ses moyens, lui, pour ses instruments
Ne peut-il pas choisir les plus vils éléments,
Ou les êtres qui sont, d'après les apparences,
Les moins propres au but où vont nos espérances ?
Ah ! les pensers de Dieu ne sont pas nos pensers ;
Nos moyens et les siens sont tout-à-fait divers !

Un peu d'eau lui suffit, ô puissance nouvelle !
Pour effacer en nous la tache originelle.
Mais pour son cœur divin c'est encore trop peu.
L'homme est enclin au mal; eh bien! qu'un simple aveu,
Enfant du repentir, s'élève de son âme,
Qu'il dise : « J'ai péché ! » d'un céleste dictame
Le remède à son cœur rendra la guérison.
Une simple parole en confère le don.
Et Dieu, pour opérer cette merveille étrange,
Ne se servira pas de la bouche d'un ange.
C'est à l'homme mortel qu'il donne un tel pouvoir
Et qu'il charge, en son nom, d'un si sacré devoir.

A cette âme, déjà d'un grand poids soulagée
En conjurant de Dieu la justice outragée,
« Je vous absous, dit-il ; allez, ne péchez plus. »
Le Ciel a pardonné ; ses droits lui sont rendus ;
Elle reprend encor sa robe d'innocence,
Mais avec le devoir de faire pénitence.

Et ce n'est pas assez ! dans son immense amour,
Dieu voulant parmi nous se fixer sans retour,
Et, jusqu'à nous nourrir de sa chair elle-même,
Se transformer en nous ; sa charité suprême
Lui suggère un moyen digne d'un cœur divin.
Près de mourir, il prend et du pain et du vin :
« Voici mon corps, mon sang (votre foi doit le croire),
Faites ceci, dit-il aux siens, en ma mémoire ;
Mangez et buvez-en. » Dieu lui-même a parlé ;
De l'amour infini le prodige est comblé.

Il lui tarde d'offrir son dernier sacrifice,
Et d'apaiser ainsi la divine justice :
Il faut que, dans son corps, le péché soit puni.

Il sort donc et se rend droit à Gethsémani.
Il sent devant la mort chanceler son courage ;
Une sueur de sang inonde son visage ;
Il voudrait que son père vînt adoucir son sort,
Et son âme est, dit-il, triste jusqu'à la mort.

Un traître cependant trafiquait de sa tête.
Déjà, pour le saisir, une horde s'apprête ;
Il se livre en leurs mains. De cette nuit d'horreur
Qui pourrait raconter l'angoisse et la douleur ?
Est-il un jeu cruel, est-il une infamie,
Dont ne l'ait abreuvé cette foule ennemie ?
Est-il un seul tourment, une insulte, un affront,
Dont on n'ait profané son adorable front ?

On le conduit enfin au lieu de son supplice.
Sur lui, de ses bourreaux s'acharne la malice :
Plus d'une fois, mourant, il tombe sous leurs coups.
On l'attache à la croix avec d'énormes clous ;
On l'élève aussitôt sur ce gibet infâme,
Et de nouveaux affronts on abreuve son âme.

Et sa mère était là, tremblante et gémissant,
Et son pied maternel y glisse dans le sang
Qui purifie enfin les crimes de la terre,
Et désarme en tombant la céleste colère.
De l'indignation le calice épuisé,
Enfin Jésus expire, et Dieu reste apaisé.

De notre inimitié le voile se déchire ;
Satan, au désespoir, sent crouler son empire :
Poussant avec effort un cri lugubre, affreux,
Il fait mugir au loin l'Erèbe ténébreux.
Dociles à sa voix, les forces infernales,
La Persécution, la troupe des Scandales,
La Cruauté, la Mort, l'horrible Impiété,
L'ardente Ambition, l'Orgueil, la Volupté,
Le noir Déguisement, la sombre Jalousie,
Et leur fille surtout, la perfide Hérésie,
Se groupent près de lui : « Soutiens de ces États,
« Dit-il, allez, volez à de nouveaux combats.
« Me ravissant le prix de ma sage conquête,
« Le Christ a des humains réparé la défaite.
« C'en est fait : oui, le ciel leur est encore ouvert,
« Et je verrai bientôt mon empire désert.

« Usez donc, tour à tour, et de force et d'adresse,
« Soyez dignes de vous et combattez sans cesse. »
Il dit : et frémissant, le bataillon pervers,
D'un vol impétueux inonde l'univers
En soufflant dans les cœurs le délire et la rage.
Dès lors, sous le soleil, oh ! quel affreux ravage !
Partout que de combats et que d'hommes séduits
Qui n'entreront jamais dans le ciel reconquis.

Cependant, du tombeau secouant la poussière,
Remonte, triomphant, à sa place première
Le Dieu libérateur. Mais, prodigue d'amours,
Il laisse à ses enfants d'innombrables secours.
Du haut du Golgotha jaillit la source vive
Qui porte dans les cœurs une vigueur active
Qui produit les héros, les saints et les martyrs,
Et sait rendre la force à tous les repentirs.
Non, non, Dieu ne veut pas que le pécheur périsse,
Il cherche à le couvrir des plis de sa justice,
Il le poursuit partout, il le presse, il l'attend ;
Il n'est un Dieu vengeur que pour l'impénitent.

Ah! tremble, malheureux, qui braves sa puissance.
Il est le protecteur de la faible innocence,
L'avocat de la veuve et du triste orphelin,
Le vengeur de ses droits et de son nom divin,
Et de tous les mortels l'incorruptible juge
Qui punit de sa loi le malheureux transfuge.
Dans son immensité, l'espace n'est qu'un point!
Tout change autour de lui; lui seul ne change point.
Du puissant oppresseur il entend les outrages,
Il voit comme un torrent se succéder les âges,
Pêle-mêle emportés sur le fleuve des jours,
Empires, peuples, rois se perdre dans son cours!
De malheureux mortels la fureur exécrée
Insulter en passant sa majesté sacrée.
Insensés! contre lui, tout bouillants de fureurs,
Ils arrivent!!! L'enfer engloutit leurs clameurs!
Juste ciel! triste sort! ô sort épouvantable!
Qui dira de ces lieux le malheur effroyable,
Le désordre éternel, l'horreur, le désespoir,
Et ce gouffre, de maux horrible réservoir?
A ce triste tableau, tremblante, consternée,
Mon âme, tu frémis! et sur ta destinée
Tu portes un regard d'épouvante et d'effroi!
Espère, cependant, à l'ombre de la foi.
Pour livrer à l'oubli tant de fautes maudites,
De tout le sang d'un Dieu n'as-tu pas les mérites,

Ce trésor t'est ouvert ; il ne se ferme pas ;
Viens donc à son appel ; marche, il te tend les bras.
Plus grande, mille fois, eût été ta malice,
Qu'il pourrait d'un seul mot te rendre la justice,
Et, versant dans ton cœur d'innombrables bienfaits
En faire le séjour du calme et de la paix.

O paix ! ô douce paix ! heureux qui vous possède !
Il voit sans s'émouvoir l'ennemi qui l'obsède !
Le soleil égaré, dans les cieux confondus,
Cacherait ses rayons aux mortels éperdus;
La foudre, à l'univers annonçant l'agonie,
Des mondes tout à coup briserait l'harmonie
Et les ferait crouler en éclats déchirants;
Calme, il s'élèverait sur leurs débris fumants.
Rien ne trouble la paix des âmes innocentes;
Les plus sanglants revers les trouveront contentes.
Heureux, heureux celui qui livre à Dieu son cœur,
Qui met à le servir sa gloire et son bonheur !

Le Seigneur, en retour, dans son âme ravie
Fera régner l'espoir d'une immortelle vie,
Et son cœur nagera dans un torrent d'amour.
Cette vie est pour lui l'aurore d'un beau jour.

III.

LA RÉSURRECTION.

L'homme n'est point ici dans sa place normale ;
Sur lui de tout son poids pèse une main fatale :
D'un invincible élan il aspire au bonheur,
Et rien ne peut remplir le vide de son cœur.
D'un immense besoin son âme dévorée
De ce bien qui la fuit est toujours altérée.
Qu'il se laisse emporter de désirs en désirs,
Qu'il savoure à longs traits la coupe des plaisirs
Dont il se promettait tant d'ineffables charmes,
Que trouve-t-il au fond ?—Que l'absinthe et les larmes.

Ainsi des faux plaisirs les dangereux attraits,
Ne laissent après eux que vide et que regrets.
Pareils aux fruits trompeurs que produit l'Idumée,
Qui, sous l'éclat de l'or, d'une amère fumée
Empoisonne soudain l'imprudent voyageur
Qui, trompé par l'aspect de ce fruit enchanteur,
Qu'il croit un mets chéri de l'Arabe farouche,
S'empresse à le cueillir, le presse de sa bouche
Pour éteindre sa soif sous ce climat brûlant :
Mais il n'y trouve, hélas ! qu'un poison dévorant.

O homme, si tu veux éviter la tristesse,
Pratique la vertu, marche dans la sagesse,
Loin des sentiers fleuris d'un monde corrupteur :
N'écoute pas sa voix, il est un imposteur.
De tous ses faux dehors la séduisante image
Serait pour ton bonheur un funeste naufrage,
Et ton esprit déçu, sans guide et sans appui,
S'enfoncerait partout dans un gouffre d'ennui.

De ce bonheur si cher, ici, notre âme est veuve
Et la terre, pour elle, est un séjour d'épreuve,
Un triste lieu d'exil que Dieu même a maudit ;
D'y trouver le vrai bien il nous est interdit.
Au sortir de ses mains, le créateur lui-même
A l'homme avait jeté ce terrible anathême :
« Si tu désobéis à ma loi, tu mourras. »
Et, sûr de son malheur, Adam ne craignit pas
De braver de son Dieu la terrible menace.
Aussitôt, accablé du poids de sa disgrâce,
Irrévocablement il voit changer son sort,
Et devient, pour le temps, l'esclave de la mort.
Elle exerça, dès lors, son règne de misère ;

Et de son lent poison le germe délétère
Envahit sourdement la masse de son sang;
Et, désormais tombé de l'honneur de son rang,
Adam, au lieu d'un corps parfait, incorruptible,
Devenu tout à coup et mortel et passible,
Descendit tristement dans la nuit du tombeau.
Sur tous ses descendants le terrible fléau
N'a cessé d'exercer ses incessants ravages,
D'entasser des débris sur les débris des âges.

De son règne pourtant le terme arrivera,
Et sa faux, dans ses mains, un jour se brisera,
Et les morts sortiront des rets de son suaire.

Dans ce combat fameux, au sommet du Calvaire,
En attaquant un Dieu, la mort reçut au cœur,
En croyant triompher, un trait sûr et vainqueur,
Et le Christ se joua de sa terrible étreinte;
Et son dard désormais n'inspire plus de crainte.
Le repos du tombeau, ce n'est plus qu'un sommeil
Que doit suivre bientôt le grand jour du réveil :
D'un triomphe certain nous avons l'espérance,
Dieu nous en a donné lui-même l'assurance.

Oui, dans mon propre corps, je verrai mon Sauveur,
Mes yeux contempleront sa gloire et sa splendeur,
Cet espoir dans mon sein profondément demeure ;
Il sera mon soutien jusqu'à ma dernière heure.

Le désir du bonheur n'est pas un vain attrait,
Et ce désir, un jour, doit être satisfait ;
Et, s'il est trop certain qu'il n'est plus sur la terre,
Il est aux régions d'une plus haute sphère.
S'il n'en était ainsi, Dieu qui nous a créés,
Par un instinct trompeur nous aurait abusés ;
Et, dans un tel état, malheureux que nous sommes,
Non, rien ne serait plus à plaindre que les hommes.
Le juste serait moins heureux que le méchant,
Et Dieu même du mal serait participant.
Le corps a partagé tous les actes de l'âme,
Il faut qu'il ait sa part de l'honneur ou du blâme,
Que du bien ou du mal commis en union,
Il ait la récompense ou la punition.

O homme, ouvre les yeux, et tout, dans la nature,
T'offrira, sous les traits d'une vive peinture,
Pour convaincre ta foi les plus forts arguments,

Aux glaces de l'hiver succède le printemps,
Et des arbres bientôt les branches comme mortes
Vont se couvrir de fleurs, de fruits de toutes sortes.

Vois ce grain que ta main en terre a déposé ;
Il ne produira pas s'il n'est décomposé,
Ce germe vigoureux, cette tige brillante
Qui doit multiplier sa race renaissante.
Les prodiges, partout, éclatent sous tes yeux,
Et tu peux y trouver des gages précieux,
Propres à raffermir la foi la plus timide.
Dans son tombeau soyeux vois cette chrysalide :
En son état premier, c'était un ver rampant,
Une larve hideuse, insecte dégoûtant,
Que ton pied, en passant, écrasait contre terre.
D'un changement complet le miracle s'opère.
Regarde, maintenant, volant de fleurs en fleurs,
Ce léger papillon aux brillantes couleurs,
Si leste, si gentil dans sa désinvolture :
Voilà ce qu'a produit une chenille impure.

Quand un insecte ainsi renaît de ses débris,
A ce point transformé doit-on être surpris

Si, pour l'homme aussi, lui, cet étonnant mélange,
Qui tient de l'animal à la fois et de l'ange,
Cet être qui fut fait à l'image de Dieu,
A l'égard de son corps pareil prodige a lieu ?
Le chef-d'œuvre, ici-bas, de toute créature
Serait-il donc des vers l'éternelle pâture ?
Non, le Dieu qui nous mit au rang de ses enfants
N'est pas le Dieu des morts, mais le Dieu des vivants.

Les générations par la mort entassées,
Les unes, en tous sens, sur les autres pressées,
Quand la trompette aura provoqué leur réveil ;
Ensemble, tout à coup, sortant de leur sommeil,
Et du sombre tombeau secouant la poussière,
Paraîtront devant Dieu sous leur forme première.
Tout s'agite à la fois dans les champs du repos :
Chaque corps est refait : l'os vient s'adjoindre à l'os,
De leurs forts ligaments les muscles les embrassent,
Les veines et les nerfs se croisent et s'enlacent,
Sillonnant tout le corps de leurs mille contours ;
La peau couvre la chair ; le sang reprend son cours ;
Partout circule, enfin, une nouvelle vie
Dont rien ne troublera la durée infinie.

Et tous, pressés au pied du divin tribunal,
Rendront un compte exact sur le bien et le mal :
Chacun pour juge aura sa propre conscience,
Et le Dieu d'équité portera la sentence.

Aux méchants, accablés du poids de leurs revers,
Et de confusion et d'opprobre couverts,
Il dit : «Allez, maudits, aux flammes éternelles,
Partage de Satan et des anges rebelles,
Qui seront à jamais vos dignes compagnons. »
L'arrêt est sans appel. Puis s'adressant aux bons :
« Venez, leur dira-t-il, les bénis de mon Père,
Vous avez, par vos soins, secouru ma misère,
Et montré dans le bien un courage éprouvé,
Un royaume vous est, pour cela, réservé;
Recevez de mes mains l'immortelle couronne,
Vous l'avez méritée et moi je vous la donne. »

Il dit ; des bienheureux le cortége vainqueur
Avec lui monte au ciel, et les anges, en chœur,
Du vainqueur de la mort célèbrent la victoire.
Les justes sont placés sur des trônes de gloire,
Et leurs corps tranformés, plus purs que le cristal,
Ne portent plus en eux aucun germe fatal;

Impassibles, subtils, lorsqu'ils changent de place,
Moins rapide est l'éclair qui sillonne l'espace :
Le fortuné séjour des célestes parvis
Ne connaît point les pleurs, la douleur ni les cris.
Il est passé pour eux le temps de la détresse,
A jamais inondés de torrents d'allégresse,
Dans une sainte extase, aux pieds de Jéhova,
Ils chanteront sans fin l'ineffable Hosanna.

DIES IRÆ.

O jour de deuil ! jour de colère !
Où Dieu, déployant sa bannière,
Réduira le monde en poussière !

Quels cris ! quel trouble ! quel effroi !
Quand l'homme, à son juge, à son roi
Rendra compte de son emploi !

Quand la trompette de l'ange
Des morts ranimera la fange,
Oh ! grand Dieu ! quelle foule étrange !

Jusque la mort, tout frémira,
Lorsque chaque homme paraîtra
Devant son juge et répondra.

L'on produira les strictes pages
Où sont écrits les témoignages
Qui déposent contre les âges.

Mais pour ce juge redouté
Rien n'offrira d'obscurité,
Ni trompera son équité.

Que répondrai-je, misérable ?
Quel bras me sera secourable,
Quand l'ange à peine sera stable ?

O roi d'auguste majesté,
Vous qui sauvez par charité,
Ah! sauvez-moi, Dieu de bonté!

Songez, Jésus, aimable maître!
Que mon salut seul vous fit naître,
Parmi vos saints daignez m'admettre.

Vous m'avez attendu, cherché,
Pour moi, sur la croix attaché!
De vos travaux soyez touché.

Juste juge en votre vengeance,
Accordez-moi votre indulgence
Avant le jour de ma sentence.

Comme un coupable je gémis,
De mon offense je rougis,
Jetez sur moi des yeux amis.

Vous sauvâtes la pécheresse,
Et le larron qui vous confesse ;
Donnez-moi la même promesse.

Sinon les pleurs d'un criminel,
Qu'au moins votre cœur paternel
M'arrache à l'abîme éternel.

Dans votre portion fidèle,
Et loin de la troupe rebelle,
Seigneur, que votre voix m'appelle !

Tandis que, confus, les méchants
S'en iront aux feux dévorants,
Rangez-moi parmi vos enfants.

Voyez mes pleurs, mon amour tendre,
Mon cœur brisé comme la cendre ;
Sous votre appui daignez me prendre.

Quel jour que ce jour lamentable
Où sortant du sein des tombeaux,
Sera jugé l'homme coupable !
Ah! sauvez-nous de tant de maux.

O Jésus, si plein de tendresse,
Mettez le comble à vos bienfaits,
Envers notre âme pécheresse,
En lui donnant un lieu de paix.

LE 21 JANVIER.

Janvier avait vingt fois revu la froide aurore,
Quand un nouveau reflet vint à glisser encore
Sur le marbre désert où gît le roi martyr :
Un messager divin de sa tête voilée
      Touche le mausolée
      D'où s'exhale un soupir.

Le bandeau de cyprès dont est ceint son front pâle,
Ce port majestueux, cet air sévère et mâle,
Et ce voile de deuil, tout humide de pleurs,
Et ce luth qui se tait entre ses mains d'ivoire,
      Tout me disait de croire,
      C'est l'Ange des Douleurs.

Son sein gros de soupirs s'abaisse et se soulève;
Son front, penché longtemps, à la fin se relève,
Son regard tout à coup brille d'un feu plus vif,
Et ses doigts frémissants s'égarent sur sa lyre
      Qui résonne et soupire
      Ce chant triste et plaintif :

« Dors et repose en paix, ombre illustre et chérie,
Même au sein des revers qui troublent ta patrie,
Dors, car veillent pour toi tous les cœurs généreux ;
Et si d'ingrats mortels à qui tu fais ombrage
      Te prodiguent l'outrage,
      Qu'il retombe sur eux.

« Il m'est toujours présent ce souvenir horrible
Qui pèse sur mon cœur depuis le jour terrible
Où l'échafaud gémit sous le meilleur des rois !
Alors le Deuil plana sur la France tremblante;
      L'horreur et l'épouvante
      Etouffèrent les voix.

« Aux plus poignants revers la grande âme du juste
Opposait cependant une constance auguste
Qui, toujours invincible à d'atroces rigueurs,
Comme un rocher battu par les flots en furie,
   Lassait la barbarie
   De ses persécuteurs.

« J'ai vu ce roi, jouet de hordes fanatiques,
En butte à mille affronts, aux clameurs frénétiques,
Payé de ses bienfaits par l'outrage et la mort :
J'ai vu dans les grandeurs ce roi toujours modeste,
   D'un courage céleste
   Braver les coups du sort !

« Du crime triomphant j'ai vu l'affreuse joie ;
L'hyène du désert, en fondant sur sa proie,
Pousse un cri moins aigu d'ivresse et de fureur !
De son âme, pourtant, l'immortelle victime,
   Dans un écrit sublime,
   Consignait la grandeur.

« Ainsi l'on voit le cygne à son heure suprême,
Plein d'une mélodie inconnue à lui-même,
Livrer aux vents plaintifs la douceur de ses chants :
Et cet hymne de mort, dont retentit la plage,
   Charme le voisinage
   De ses accords touchants.

« Calme, Louis souffrait ses malheurs les plus graves,
Mais, à ses nobles mains offre-t-on des entraves,
Sa patience alors est près de se lasser ;
Il sait mourir, mais libre : à cet affront insigne,
   Son cœur de roi s'indigne,
   Il veut les repousser.

« Un prêtre est là ; témoin de ce débat sinistre :
« Un Dieu l'a bien souffert, s'écria le ministre,
« Ainsi, montez au ciel, ô fils de saint Louis ! »
Il dit ; et le calice est bu jusqu'à la lie,
   Et les maux de la vie
   Se sont évanouis.

« Ainsi donc, par les mains de sa patrie ingrate,
Louis, pour ses bienfaits, périt comme Socrate :
Ou, plus semblable encore au Fils de l'Éternel,
Son sang pur, apaisant la colère divine,
   Suspendit la ruine
   D'un peuple criminel.

« Quand le Ciel en triomphe accueillit la victime,
Ivres de leur forfait, les ministres du crime
Regagnaient, eux aussi, leur antre détesté.
Paris sembla désert et, seul, par sa présence,
   Un lugubre silence
   Effraya la cité.

« Sur le front réprouvé des sbires parricides
L'enfer, en traits de sang, écrivit : *Régicides !*
L'exil ou l'échafaud, mais non le repentir,
Ont enfin dévoré leur misérable vie,
   Et leur ignominie
   A vengé le martyr.

«Ah! dans ces lieux encor pour moi donc plus d'asile,
Jusque des saints parvis on me chasse, on m'exile
De ces lieux, tant de fois de mes pleurs inondés !
Ces pleurs auxquels m'avait de nouveau condamnée
   La mort infortunée
   Du dernier des Condés !

« Le fils du juge inique est digne de son père !
Il a péri ce nom que la France révère,
Ce nom qui fut jadis le salut de l'État !
Ce pur sang de héros qu'illustra la victoire
   A vu trancher sa gloire
   Par un double attentat !

« C'est en vain que sévit la haine furibonde ;
Tandis que le soleil éclairera le monde,
Vivra toujours présent dans le cœur des Français
Le triste souvenir de ce jour déplorable,
   Et sa voix lamentable
   Ne dormira jamais. »

Elle dit, et soudain à ma vue éplorée,
La Douleur remonta vers la voûte éthérée :
Un sourd gémissement annonça son départ ;
La terre au loin frémit ; et la France fidèle
      Inclina devant elle
     Son funèbre étendard.

        1832.

LA VENDÉE.

Quand, indignés des maux de leur patrie,
Seuls, autrefois, Matathias et ses fils,
Le cœur brûlant d'une sainte furie,
Pour se soustraire aux fers de l'Assyrie,
Osaient braver les plus affreux périls;

Sans e appui qu'une foi vive, ardente,
Il se levaient pour la cause de Dieu !
Infatigable, on vit leur main vaillante
Chez leurs tyrans répandre l'épouvante,
Et relever les autels du saint lieu.

Aux champs fameux où s'embouche la Loire,
Tels on les vit, dans les jours du malheur,
Ces Vendéens, à la voix de la gloire,
Soldats d'un jour qu'enfanta la victoire
Et que guida le flambeau de l'honneur !

Quand de ta mort le forfait exécrable,
O bon Louis, couvrit nos champs de deuil !
Poussant un cri terrible, épouvantable,
Leur bras vengeur répand un sang coupable
Pour arroser ton funèbre cercueil !

Car le réveil de la France fidèle,
Comme toujours, fut celui du lion :
De la Terreur le monstre enfin chancelle ;
Chaque cœur bat et chaque œil étincelle
Du sombre feu de l'indignation.

Partout on voit la vengeance allumée,
Des paysans rougir le front poudreux :
Chaque hameau s'organise en armée,
L'airain tonnant cède sa renommée
A la massue, à la fourche des preux.

Cathelineau, plus grand que sa naissance,
Cathelineau, pour suivre un saint devoir,
Brave les cris d'une vaine prudence,
Et, le premier, du salut de la France
Ouvertement ose donner l'espoir.

Paraît bientôt l'héroïque Lescure,
L'ardent Stofflet, d'Elbée et Desessart,
Et ce Talmont à l'âme grande et pure,
Et ce Joly, dur comme son armure,
Le valeureux Marigny, que plus tard !!!

Brave Henri ! louange à ta mémoire !
Et vous, Lyrot ! et généreux Bonchamp !
Dont les hauts faits honoreront l'histoire !
Et vous aussi, successeurs de leur gloire,
Scepeaux, Bourmont, Suzannet, d'Autichamp !

En avant donc ! ô nouveaux Machabées !
Que le succès réponde à votre foi !
Ou que du moins vos vaillantes épées,
Avant que d'être à vos mains échappées,
Puissent venger le sang de votre roi !

Fière Vendée ! ô terre noble et sainte !
Gloire trois fois à ton nom vénéré !
Ah ! sur ton sol, dans une horrible étreinte,
Si le malheur a laissé son empreinte,
Tu resteras un symbole sacré !

Laisse leur honte à tes tyrans infâmes
Dont les efforts t'ont réduite aux abois,
En moissonnant par le fer et les flammes,
Avec les toits, les enfants et les femmes,
Pour se venger de tes loyaux exploits!

Sur le granit, où ta gloire est fondée,
Tu ne crains pas le ravage des ans,
De ton nom même on a fait une idée :
Jusqu'à la fin du monde, la Vendée,
Sera toujours un peuple de géants!

Et toi, salut, Armorique chérie!
Alors aussi, comme au temps des Césars,
Levant ton front enflammé de furie,
Tu vis encor ta jeunesse aguerrie
Courir en foule à tes vieux étendards!

De leurs replis secouant la poussière,
Au bruit des fers d'un peuple dégradé,
Au champ d'honneur tu parus la première,
Et, fière encor, tu fléchis la dernière,
Mais seulement quand le monde eut cédé !

Eh ! quel climat, quelle plage secrète,
Qui n'ait redit ta gloire et ton malheur,
Brillant héros, infortuné Charette ?
Ah ! tu payas loyalement la dette
Que commandait un inflexible honneur !

Naguère encor, ton ombre magnanime
Glissant soudain de la voûte des cieux,
Vint de nouveau pour refermer l'abîme ;
Elle enflamma d'un courage sublime
Le noble cœur de tes dignes neveux.

Puisse toujours votre vertu chérie
Vivre et régner dans l'esprit des Français,
Et que vos noms sacrés pour la patrie,
Par les efforts d'une ignoble furie,
Dans l'avenir ne s'éclipsent jamais.

L'EXIL.

D'un feu divin l'étincelle sublime
Brille à mon cœur, le transporte et l'anime !
Je veux chanter d'immortels souvenirs,
De nos guerriers la conquête nouvelle :
Mais c'est en vain ; entre mes doigts rebelle,
Ma lyre, hélas ! ne rend que des soupirs.

Quel noir génie a soufflé sur la terre ?
Que vois-je ? ô ciel ! la révolte et la guerre
Foulant aux pieds des trônes renversés !
Le front sanglant, la Discorde sauvage
Par des clameurs excitant le carnage ;
Le Deuil assis sur des sceptres brisés.

Précipité du faîte de sa gloire,
Lui-même aussi, l'élu de la victoire,
Il est tombé sous ses nouveaux lauriers !
Il est tombé ce prince débonnaire !
Une furie aveugle et sanguinaire
A moissonné la fleur de ses guerriers.

C'en est donc fait, ô France trop chérie,
Pays sacré, malheureuse patrie !
C'en est donc fait de tes destins brillants !
Changé soudain en un champ de carnage,
Ton sol sanglant deviendra l'héritage
Et le séjour des vautours dévorants.

De rois fameux, antique et noble race,
Par ta constance à braver la disgrâce,
Tu vas encore étonner l'univers !
Trois fois, hélas ! proscrite et fugitive !
Ah ! quel climat, quelle lointaine rive
N'a retenti du bruit de tes revers ?

Quelle fureur nous pousse et nous égare ?
Ce peuple ingrat dans sa fougue bizarre,
N'est-il donc plus le peuple de Henri ?
Henri ! Henri ! derechef prends tes armes ;
Viens de la France écarter les alarmes,
En lui montrant le panache d'Ivry.

Que de vertus éloigne encor l'orage !
Ce preux par qui le sceptre de Pélage
Revint aux mains d'un fils de saint Louis,
Du roi martyr la fille infortunée
Et de Henri la mère abandonnée,
Et cet enfant l'espérance des lys !

Oui, de Berry ce rejeton posthume,
Savoure aussi la coupe d'amertume,
Qu'à son berceau lui versa le malheur !
Tendre orphelin, tu souffres ; mais espère :
Tu dois attendre un avenir prospère,
Des jours d'amour, de gloire et de splendeur !

Car du saint roi telle en est l'assurance :
« Il règnera, cet enfant, sur la France ;
Ses grands destins sont écrits dans les cieux :
J'étends sur lui mon ombre tutélaire,
Il portera mon sceptre héréditaire,
Il règnera, digne de ses aïeux. »

Oui, Caroline en accueillit l'oracle,
Avant qu'au jour vînt l'Enfant du miracle,
Lorsqu'elle vit, dans un commun berceau,
Placer un fils à côté de sa fille
Par saint Louis, patron de sa famille,
Qui les couvrit tous deux de son manteau.

Ainsi, toujours dans tes périls extrêmes,
Veillant sur toi, les volontés suprêmes,
France, ont tari la source de tes pleurs :
Un doux soleil, dissipant tes ténèbres,
Sur les débris de tes cyprès funèbres,
Faisait éclore une moisson de fleurs.

LE ROSSIGNOL.

Aimable rossignol, ô chantre harmonieux,
Toi qui fais retentir d'accents mélodieux
Tous les lieux fortunés, voisins de ce bocage,
Que j'aime à t'écouter, caché sous le feuillage,
Raconter aux échos tes naissantes amours !
Tout renaît avec toi ; tu n'as que des beaux jours !
Tu vois autour de toi la terre déflétrie,
Le bel émail des fleurs de la verte prairie,
Du ruisseau murmurant le limpide cristal :
Tu n'as à redouter aucun retour fatal ;

Le chêne étend pour toi son propice feuillage,
Le zéphir caressant pénètre ton plumage
Et provoque ta voix à ces brillants concerts
Capables d'adoucir les plus cuisants revers.
Et d'abord, te livrant aux écarts du délire,
Tu parais essayer les fibres de ta lyre ;
Tu préludes. J'entends tes sons faibles encore,
S'élever par degrés et prendre un ton sonore ;
Bientôt ta voix rapide, en son cours véhément,
Vole en bruyants éclats, et puis subitement
Se tait. Chanteur aimable, aux sons que tu m'envoies,
Mon cœur s'épanouit par de secrètes joies,
Soit que, laissant errer tes langoureux accents,
Tu tires doucement de longs gémissements ;
Soit que, précipitant tes vives sérénades,
Ton flexible gosier, en bruyantes roulades,
Exhale coup sur coup ses rapides accords
Qui font vibrer les cœurs des plus joyeux transports ;
Mon âme avec tes chants, libre de toute entrave,
Du grave passe au doux, et du rapide au grave.
Ah! du moins si l'espoir accompagnait tes chants !...
Mais tu ne peux fixer tes désirs inconstants,
Emblême du plaisir, tu n'as que sa durée,
Et tu suis le printemps de contrée en contrée.
Sitôt que le soleil, embrasant ses cheveux,
En brûlants réseaux d'or aura dardé ses feux,

Que les blondes moissons jauniront la campagne,
Que le pampre vermeil pendra sur la montagne,
En des climats plus doux tu porteras tes chants.
Tous les ans tu t'en vas, tu reviens tous les ans...
Quelque jour au printemps (car, hélas! je succombe),
Tu reviendras encor chanter près de ma tombe.

LE JEUNE MALADE.

En vain l'apparence trompeuse
D'une jeunesse vigoureuse,
D'un long espoir m'avait charmé ;
Comme un poison que rien n'enchaine
Et qui coule de veine en veine,
Un mal rongeur m'a consumé.

Après une douce rosée,
Lorsque, sur la terre épuisée,
Le gouffre embrasé du midi
A passé son haleine ingrate,
Tel, sur sa tige délicate,
Un jeune lys tombe flétri !

Un avenir imaginaire,
A mon ivresse téméraire,
Partout n'étalait que des fleurs :
Mais vous n'aviez, brillants mensonges,
Que la réalité des songes,
Hélas! je languis et je meurs!

Oh! que d'erreurs l'homme s'enivre!
Longtemps encor j'espérais vivre,
Déjà je touche à mon déclin !
Mon printemps ne vient que d'éclore,
J'ai disparu comme l'aurore,
Comme l'aurore d'un matin !

Elle a fui, ma vie éphémère,
Semblable à la vapeur légère
Qui, dans le calme de la nuit,
Un instant sillonne l'espace,
Puis bientôt, sans laisser de trace,
Disparaît dans l'ombre et s'enfuit.

Vains projets, la mort vous déjoue :
Et quant à toi, prison de boue,
Malheureux partage des vers,
Dans ta chute prématurée,
Enfin mon âme délivrée
Ne voit qu'un terme à ses revers.

Mais quand tout fuit et m'abandonne,
La religion qui pardonne
S'empresse à guérir mes remords !
Son adorable sacrifice
Rendra pour moi le Ciel propice ;
Elle m'ouvre tous ses trésors.

M'ouvrant l'immensité de vie,
Contre la fureur de l'impie,
Qui met tout l'être dans les sens,
Elle me dit quand je succombe :
Tout ne finit pas à la tombe,
Tu vivras par delà les temps.

Salut ! salut ! fille divine ;
Quand ma carrière se termine,
Tu fais renaître mon espoir ;
Ta voix puissante et secourable
N'a rien pour moi que d'agréable :
Mon Dieu ! je brûle de te voir !

C'est dans ton sein que l'âme humaine
Déposant la pesante chaîne
Dont le poids l'entrave ici-bas,
Enfin, des flots, de la tourmente,
Avec la grâce triomphante,
Reçoit le prix de ses combats.

Et là, désormais invincible,
Par une alliance indicible
Unie à la divinité,
L'âme, de gloire parée,
Vivra dans l'immense durée
De l'immobile éternité.

Adieu, frivoles bagatelles
Qui sous cent formes infidèles
Cherchiez à captiver mon cœur !
Votre illusion s'est flétrie ;
Et je m'envole à ma patrie,
Où règne le parfait bonheur !

QUIBERON.

Tel qu'au sein d'un torrent, noir enfant de l'orage,
Qui, roulant en grondant de la cime des monts,
Arrache, entraîne et roule en ses replis profonds
Et les rocs menaçants qui bordent son rivage
Et l'espoir englouti du fertile sillon,
Seul contre les assauts de sa rage impuissante,
      Sans cesse renaissante,
Résiste un chêne altier, l'ornement du vallon.

Ou tel qu'on vit jadis au fond des Thermopyles
Ce guerrier tant vanté, le grand Léonidas,
Exhorter à périr ses valeureux soldats,
Et braver les efforts de cent peuples serviles
Que traînait à sa suite un Perse furieux ;
Puis, dans leur camp surpris répandant le carnage,
      Avec un fier courage,
Chercher, en le donnant, un trépas glorieux.

Ainsi parut Sombreuil aux champs de l'Armorique,
Quand des brigands fameux, ministres de fureur,
Sur nos champs désolés répandaient la terreur,
Tel, aux âpres déserts de la brûlante Afrique,
Un fier lion se dresse à l'aspect des chasseurs:
Il rugit, bat ses flancs, hérisse sa crinière,
   Et, mordant la poussière,
Jusques en expirant fait trembler ses vainqueurs.

Honneur à tes enfants, ô ma noble patrie!
Quand la France t'offrit le sceptre de ses rois,
Aux Charles, aux Louis, au valeureux François,
(Héros dont la bonté sera toujours chérie)
Tu pus donner la main, ils prisaient ta valeur:
A Pavie, à Milan, à Naples, à Ravenne,
   Tu les suivais sans peine ;
Car l'honneur était là, même dans le malheur.

Tu détestas les lois d'un peuple mercantile,
Comptant pour rien l'argent, pour tout la probité;
Ta richesse, à toi, c'est la foi, la loyauté!
Tu vis avec dédain une amitié si vile:

Comme ton Duguesclin tu préféras les fers ;
Mais ta main les brisa comme un fragile verre :
   Tu fus toujours, en guerre,
Juste dans tes succès, grande dans tes revers.

Alors les fils des Francs devinrent donc tes frères,
Car un instinct d'honneur t'unissait avec eux ;
Tu soutins noblement leurs destins glorieux !
Fidèles à leurs rois, comme au Dieu de leurs pères ;
Avec un noble orgueil tu montrais tes enfants,
Quand soudain les forfaits d'une horde cruelle
   T'enflammant d'un saint zèle,
Du tronçon de tes fers tu meurtris tes tyrans !

A ces autres Verrès opposant ta vaillance,
Pour punir l'injustice et venger l'équité,
Quand tout semblait perdu ton courage indompté
Fit encore longtemps chanceler la balance :
Si tu tombas, un jour, sous un revers fatal
Ce fut par des moyens dont jamais ton courage
   N'eût daigné faire usage,
Car tu détestes tout ce qui n'est pas loyal.

Amenés par l'Anglais dont ils furent les hôtes,
Quinze cents chevaliers, pour la plupart tes fils,
De leurs frères venant partager les périls,
Hélas! pour y périr, abordent sur tes côtes.
Des traîtres, dont leur main avait brisé les fers,
Au moment du combat désertant leur bannière,
O lâcheté dernière!
Tournent contre les preux leurs fusils meurtriers.

Quiberon! à jamais que le deuil t'environne!
Toi, qui fus teint du sang de ces nobles soldats,
Vaincus par trahison plus que par les combats :
Lieu triste et vénérable à toute âme bretonne;
Plage où tant de héros ont trouvé leur tombeau;
Ah! garde avec respect les cendres des victimes,
Au bruit de ces abîmes,
Qui dorment dans les plis de leur sanglant drapeau!

Oui tous ils sont tombés fidèles à la gloire.
Succombant en héros, Tinténiac n'est plus :
Georges, poussant des cris de rage superflus,
S'éloigne en maudissant une infâme victoire :
Il maudit mille fois les traîtres, les Anglais;

Il maudit jusqu'aux chefs dont la prudence outrée
D'une cause sacrée
A si fatalement compromis le succès.

La mort a, dans leurs rangs, fait un affreux ravage :
Contre un seul bataillon de guerriers généreux,
Sans-culottes, lancez vos escadrons nombreux ;
Et qu'opposant au nombre un stérile courage,
Comme leurs compagnons couchés au champ d'honneur,
Sous un suprême effort ils tombent avec gloire,
Ou, pour votre mémoire,
Épargnez des Français qu'éprouve le malheur.

Ainsi l'avait compris un guerrier magnanime
Qu'étonna de ces preux le noble désespoir.
Pour eux, auprès de vous usant de son pouvoir,
Il cède au cri puissant de son âme sublime :
L'olivier de la paix a flotté dans sa main :
A la tête des siens, sans armes, il s'avance,
Et, d'un ton d'assurance,
Il promet grâce à tous au nom républicain.

L'on se rend à sa voix : Sombreuil encor résiste ;
Il frémit, il s'indigne, il veut braver la mort :
Mais il se doit aux siens pour assurer leur sort...
Fixant ses ennemis d'un regard fier et triste :
De vils tyrans, dit-il, ô trop heureux soldats,
Pour moi, jamais ce bras ne signera de grâce ;
   A moi votre disgrâce,
Je veux la mériter jusques à mon trépas.

Infortuné Sombreuil, tu sus bien les connaître !
Au mépris des serments, par un crime infernal,
L'on vous traîne sans honte au sanglant tribunal
Où des monstres affreux forcent de comparaître
La plus pure vertu, le noble dévoûment !
Le dévoûment... pour eux c'est frapper la victime ;
   Et l'ennemi du crime
De leurs sanglantes mains reçoit le châtiment.

Cependant, quelques jours, libre sur ta parole,
Sur ces vaisseaux anglais, Sombreuil, que feras-tu ?
Qui doit céder enfin ? La vie, ou la vertu ?
Que les festons sacrés couronnent ta gondole !

Viens, nouveau Régulus! ou captif de Poitiers!
Ta vie, en un instant, d'un siècle ainsi s'allonge!
            Viens : un lâche mensonge
Ne ternira jamais ton nom ni tes lauriers.

Mais de ce jour maudit et d'horrible mémoire
Ah! comment retracer les tragiques horreurs,
La noire trahison et les basses fureurs
Dont on sut abreuver l'infortune et la gloire!
Tout cœur d'homme frémit de dépit et d'effroi,
Quand on vit à la fois, sous l'empire des crimes.
            Un millier de victimes
Tomber sous les poignards assassins de leur roi.

C'en est fait, tu péris, ô prélat vénérable! (1)
Et ton frère lui-même accompagne tes pas
Et hâte ta vieillesse à courir au trépas!
Comme un autre Laurent, le front inaltérable,
Il soutient de son bras son pontife sacré,
L'embrasse avec amour aux confins de la voie
            De l'immortelle joie
Et mêle aussi son sang à ce sang vénéré.

   (1) Monseigneur de Hercé, évêque de Dol, et l'abbé de Hercé, son frère.

Sombreuil de près les suit; le voilà qui s'avance
D'un regard intrépide et d'un pas triomphant !
Il arrive, et sa main du bandeau flétrissant
A repoussé l'affront offert à sa vaillance.
A sa voix la mort part, et son dernier soupir
S'échappe en murmurant sa devise chérie ;
    Sur son front se marie
Aux lauriers du héros la palme du martyr.

Suivant avec ardeur sa glorieuse trace,
O dignes compagnons d'un guerrier valeureux,
Vous le fûtes aussi de son sort malheureux,
Et reçutes la mort avec la même audace !
Jadis au champ d'honneur, héros infortunés !
Le front tout ombragé des lauriers de la gloire,
    Au sein de la victoire,
Vous parûtes moins grands à nos yeux étonnés !

Maintenant couronnés des lis de l'innocence
Ils ont, aux doux concerts des joyeux séraphins,
Déposé leur essor dans les parvis divins !
Ah ! jouissez en paix de votre récompense,

O généreux martyrs de la fidélité !
Malgré les vains efforts d'une haine farouche,
Portés de bouche en bouche,
Vos noms retentiront dans la postérité !

FRAGMENTS D'HORACE.

Jam satis terris, etc... Liv. 1 ode 2.

De durs glaçons jonchaient déjà la terre,
Quand, foudroyant sur nos temples impurs,
    Le maître fumant du tonnerre
        Épouvanta nos murs.

A cet aspect, la terre épouvantée,
Comme Pyrrha, poussa des cris profonds,
    Voyant le troupeau de Protée
        Sur la cime des monts :

A la colombe usurpant son asile,
L'enfant des mers s'embarrasse aux ormeaux ;
    Le daim cherche sa course agile
        Sur le gouffre des eaux.

Nous avons vu, luttant contre ses rives,
Le Tibre, enflé d'un limon odieux,
Entraîner les ombres plaintives
Et des rois et des dieux.

C'est pour venger le courroux d'une amante,
C'est pour finir un reproche éternel
Qu'il fond sur la rive tremblante
Sans les ordres du ciel.

Elle apprendra, cette rare jeunesse,
Elle apprendra par quels sanglants combats
Une folle et coupable ivresse
Depeupla nos états.

Pour soutenir cet état qui chancelle,
Quel Dieu sur nous détournera les yeux?
Comment l'implacable Cybèle
Prendra-t-elle nos vœux?

Qui, Jupiter, vengeur d'un tel outrage,
Chargera-t-il de punir en son nom?
   Viens, couvert d'un brillant nuage,
      Viens toi-même, Apollon.

Ou toi, plutôt, mère des ris aimables,
Viens, au milieu de ta joyeuse cour!
   Ou toi, pour tes enfants coupables,
      Mars, reprends ton amour !

Ah ! trop longtemps durent tes jeux horribles,
Les cris de guerre, et le casque d'airain;
   Ainsi que les regards terribles
      Du féroce africain.

Ou, revêtant une forme étrangère,
O fils ailé de la tendre Maïar,
   Viens enfin montrer à la terre
      Le vengeur de César !

Longtemps, ici, fixe tes destinées,
Au Peuple-Roi prodigue ton amour,
Que jamais nos fureurs damnées
Ne hâtent ton retour.

Ah ! que plutôt la fidèle victoire
De ses lauriers toujours pare ton char,
Et que le Parthe soit sans gloire
Sous ton règne, ô César !

O NAVIS, etc.

Liv. 1. Ode 12.

Hélas ! pauvre vaisseau ! de nouvelles tourmentes
    Contre toi redoublent d'effort !
Où vas-tu? crains les coups des vagues mugissantes;
    Et reste à l'abri dans le port.

Ne vois-tu pas ton flanc froissé par les orages,
    Ton mât brisé par les autans?
Ton gouvernail gémit; sans voiles, sans cordages,
    Oserais-tu braver les vents ?

Quelle divinité viendra, dans ta détresse,
    Entendre et recevoir tes vœux ?
Enflé d'un vain orgueil, tu vantes ta noblesse,
    Un nom et des titres pompeux !

Mais c'est en vain : non, non, le nautonnier timide
　　N'est pas dupe de tes grands mots ;
Et, pour avoir été de courir trop avide,
　　Crains d'être le jouet des flots !

Objet pour moi, jadis, de triste inquiétude,
　　Hélas ! et de chagrin amer ;
Et, maintenant encor, de ma sollicitude,
　　Ah ! fuis les dangers de la mer !

QUALEM MINISTRUM, etc.

Liv. 4. Ode 3.

Tel, ce ministre du tonnerre,
L'aigle, à qui le maître des Dieux,
Pour prix d'un dévoûment sincère,
Donna l'empire sous les cieux,
Alors que, dans les murs de Troie,
Il eut conquis sa blonde proie (1);
Fier, jeune et sans périls encor,
Et mu par des forces secrètes,
Tremblant, à l'aile des tempêtes
Il livre son premier essor.

(1) Ganymède.

Tantôt sur l'humble bergerie
Il fond avec rapidité ;
Tantôt, ranimant sa furie,
Contre le dragon irrité,
La faim, la soif du sang l'engage :
Ou tel, dans le gras pâturage,
Un faible et tremblant chevreau
Voit accourir, la tête altière,
Aiguisant sa dent meurtrière,
Un intrépide lionceau.

Ainsi les Alpes alarmées
Ont vu, dans de sanglants combats,
Drusus, conduisant nos armées,
Disperser leurs fougueux soldats :
Fidèle à sa haute naissance,
Chez lui, les vertus, la vaillance,
L'esprit et le cœur généreux,
Et le génie héréditaire
D'une influence salutaire
Attestent les effets heureux.

Non, le sang jamais ne se cache,
Pas même chez les animaux ;
Le fils d'un lâche est toujours lâche,
Le fils d'un héros, un héros ;
Et jamais d'un aigle intrépide
Ne sortit un pigeon timide :
Mais les sages enseignements
Aident les dons de la nature,
Et des vices l'haleine impure
Étouffe les plus beaux talents.

O Rome, ô ma chère patrie,
Tu sais les exploits des Nérons !
Témoin ce fleuve de l'Ombrie
Qui vit la gloire de leurs noms ;
Témoin cette heureuse journée
Où vint la mort si fortunée,
Du digne frère d'Annibal
Dissiper un affreux orage,
Et d'un long et triste ravage
Éteindre le flambeau fatal.

Dès lors, à nos vœux favorable,
La gloire suivit nos drapeaux,
Et notre jeunesse indomptable
Vole à des triomphes nouveaux :
Voyant de leurs tristes ruines
Sortir les demeures divines
Qu'il fit tomber sous les efforts
De sa trop aveugle furie,
Le fier Carthaginois s'écrie
Avec de douloureux transports:

« Hélas ! quel démon nous excite !
Cerfs en proie aux loups ravissants,
Quand le salut est dans la fuite
Nous courons affronter leurs dents !
D'Ilion fuyant l'agonie,
Jadis, au champs de l'Ausonie,
Un peuple de guerriers fameux,
Traversant des mers étrangères,
De ses enfants et de ses pères
Fixa le dépôt précieux :

Tel que l'Arbre du mont Algide,
Il devient fort par ses revers :
Non, jamais sous le fer d'Alcide,
Ralliant ses membres divers,
L'hydre ne parut si terrible !
Jamais prodige plus horrible
Aux champs de Thèbe ou de Colchos
Frappé de mort, il se ranime,
Sort plus beau du fond de l'abîme,
A ses vainqueurs rend tous ses maux !

Désormais la triste Carthage
Ne verra plus son Annibal
L'orner de gloire et de pillage !
Hélas ! Asdrubal ! Asdrubal !
Mon frère ! elle est, elle est tombée
La gloire, avec toi succombée,
De ta patrie et de ton nom ! »
De Rome espérance dernière,
Poursuis la brillante carrière
De tes triomphes, ô Néron.

LA VÉRITÉ

1ᵉʳ

A M. L'ABBÉ FÉLIX DE LAMENNAIS
Au sujet de son premier volume :
Sur l'indifférence en matière de Religion.

D'où vient, ô Lamennais, cette force entraînante
Qui vit dans les élans de ton âme brûlante ?
Sans craindre les clameurs, sans craindre les revers,
Franchissant le séjour où grondent les orages,
D'un regard assuré tu planes sur les âges,
      Et tu dévoiles leurs travers.

Dans ton sublime essor, audacieux génie,
Nourri de la beauté de l'essence infinie,
Comme l'aigle sacré va jusqu'au haut des cieux
Puiser au sein de Dieu des leçons pour la terre ;
Et, descendant parmi les éclats du tonnerre,
      Reviens pour dessiller nos yeux !

Ainsi l'astre du jour, entrant dans sa carrière,
Inonde l'Orient des flots de sa lumière :
Son disque, devant lui, chasse la sombre nuit :
Il s'élève ; tout prend une face nouvelle ;
L'horizon s'agrandit, l'espace se révèle,
   Partout l'obscurité s'enfuit !

Ah ! c'est la vérité qui, perçant le nuage,
A ta plume dicta l'énergique langage
Qui poursuit aux enfers ses rivaux consternés,
Le sublime ascendant, la force irrésistible
Et la conviction et le charme invincible
   Qui brille à nos yeux étonnés !

La voilà ! la voilà ! qui dissipant les ombres
Fait succéder soudain aux lueurs les plus sombres,
Le jour le plus serein, et l'éclat le plus doux !
Il rayonne, son front, d'une beauté modeste :
Elle abaisse son vol : l'Enfer qui la déteste
   Frémit et rugit de courroux.

Elle a touché la terre ; une frayeur soudaine
A de ses habitants frappé l'âme incertaine,
Et de l'Erreur, au loin, l'empire a retenti !
Mais toi, depuis longtemps, qui de l'œil la contemple,
Tu l'abordes soumis, l'introduis dans ce temple
    Que ta main pour elle a bâti.

C'est là que, se voyant au terme de sa route
Sous les lambris pompeux d'une sublime voûte,
Sur un trône, au milieu du céleste concours
Qui, sans cesse, à ses pieds se prosterne et l'adore,
Elle ouvre enfin la bouche, et, d'une voix sonore,
    Elle t'adresse ce discours :

« Mon fils, grâce aux efforts de ton puissant génie
Vainement convoquant sa force désunie,
Fière de ses combats contre la Vérité,
Aux détours de l'erreur trop longtemps exercée,
L'orgueilleuse Raison voit sa place fixée
    Au-dessous de l'Autorité.

Eh ! ne l'as-tu pas vue, avec ses prosélytes,
S'applaudir à grands cris de ses fureurs maudites,
Sur les débris sanglants du trône et de l'autel,
Et décréter, enfin, avec un ton d'empire,
Dans les sombres accès d'un effrayant délire,
   L'existence de l'Éternel ?

Oui, nous les avons vus, du beau nom de sagesse
Colorant de leur cœur l'étonnante bassesse,
Soumettre à leur raison les dogmes les plus saints,
Et, tout environnés de ténèbres grossières,
Proclamer à l'envi le règne des lumières,
   Au fond des tombeaux souterrains !

Des sophistes encor la troupe courroucée,
Dans les bouillants transports d'une haine insensée
S'agite, se tourmente et se consume en vain
Contre ce monument, pour en saper les bases :
Ridicules projets ! tu ris et les écrases
   De tout le poids du genre humain !

Contre toi que pourrait cette fougue bizarre?
Plains, plutôt, plains, mon fils, l'erreur qui les égare:
Ici, pour les humains, j'établirai ma cour;
Ici, je trouve autel, et trône, et sanctuaire;
Ici, j'ai concentré les rayons dont j'éclaire;
   Ici, j'ai fixé mon séjour!

Partout, en tous les temps, comme au siècle où nous sommes
D'affronts étudiés l'on chargea les grands hommes :
Oui, pour les éviter, tu fuirais vainement
Du couchant au levant, du midi jusqu'à l'Ourse ;
Mais, parmi les clameurs, poursuis, poursuis ta course,
   L'on n'est pas grand impunément !

Prends courage ! pour toi le temps plus équitable
Un jour ceindra ton front d'une palme honorable ;
Et, malgré les efforts des enfants d'Arouet,
Sur le bronze sacré du Temple de Mémoire
Il placera ton nom, tout éclatant de gloire,
   Près de Bernard et Bossuet ! »

       St-Brieuc 1828.

SUR LA MORT DE M. L. BLAIZE

NEVEU DE MM. DE LAMENNAIS

décédé à l'âge de 14 ans.

Tout fuit et disparaît : au théâtre du monde,
    La scène change à chaque instant !
Le torrent de nos jours s'écoule comme l'onde
    Qui laisse un murmure en passant !

Passagers incertains du terme du voyage,
    De notre fugitif berceau,
Notre œil, de plus en plus, voit s'éloigner la plage,
    Quand nous arrivons au tombeau !

O très-aimable ami, quand la mort si hâtive
    Te frappe de ses doigts transis,
Au grand banquet des ans, jeune et joyeux convive,
    A peine tu t'étais assis !

La coupe, entre tes mains, se brise pleine encore,
  Et tu disparais sans retour !
Pourquoi pas le soleil, quand ta brillante aurore
  Nous présageait un si beau jour ?

Tu n'étais qu'au matin ; et, tout-à-coup, ta vie
  Fuit comme l'ombre dans les airs,
Et déjà, cependant, ton précoce génie
  Étincelait de vifs éclairs !

Et moi, dans les transports d'une secrète joie,
  Je disais tout bas dans mon cœur :
« Tu couleras des jours tissus d'or et de soie,
  Des jours de gloire et de bonheur !

Oui, tu retraceras de ta noble famille
  Et les talents, et les vertus;
Tu luiras dans ton cours, comme l'astre qui brille! »
  Je le disais; et tu n'es plus !

Tu n'es plus ! devant toi, quand au loin se déroule
  Un long et riant avenir,
Quand tu vois, sous tes pas, les fleurs éclore en foule,
  Hélas ! faut-il sitôt finir ?

Faut-il mourir, alors que ton ardent délire
      Formait les plus vastes projets ?
Quand la Fortune, enfin, d'un aimable sourire
      Semblait devancer tes souhaits ?

Sur sa tige élancée, au sein de la prairie,
      Ainsi la jeune et tendre fleur,
Coupée avant l'été, soudain tombe flétrie
      Sous le tranchant du moissonneur !

Le monde, en souriant, l'attendait à ses fêtes,
      Mais toi, tu n'y paraîtras pas;
Car la Mort sur ton front jetant ses violettes
      A moissonné tous tes appas.

C'en est donc fait : semblable à la blanche colombe,
      Ton âme belle et pure encor,
S'élançant à travers la poudre de la tombe,
      Vers le ciel a pris son essor.

Et moi, je viens poser une fleur fugitive
      Au pied glacé de ton cercueil,
Et mêler, à mon tour, une larme tardive
      Aux pleurs de ta famille en deuil.

LA FÊTE - DIEU.

Levez-vous, nations! peuples, accourez tous !
Levez-vous aux transports de la plus douce ivresse,
En voyant ce qu'un Dieu daigne faire pour vous!
Quel père à ses enfants montra tant de tendresse !
La mère la plus tendre à son fils malheureux
Marqua-t-elle jamais cet amour généreux
Que Dieu, l'Être éternel, montre à sa créature?
Le fils de Dieu, fait chair, se change en nourriture,
Il est notre aliment : le pain devient son corps,
Le vin devient son sang! sous les plus vils dehors,
Glorieux, de la mort il emprunte l'image
Pour rendre à Dieu son père un éternel hommage
Au nom du genre humain, par son sang consolé !
Chaque jour, sur l'autel, il repose immolé ;
Il entend nos besoins, guérit notre misère,
Et désarme pour nous le courroux de son père !

Ce Dieu, de l'univers arbitre souverain,
Descend dans notre cœur sous la forme du pain !
O prodige étonnant ! un Dieu prêtre et victime !
Mon esprit se confond, il se perd, il s'abîme
Dans cette profondeur de ton abaissement !
Ange du grand conseil, Prince du Testament,
Jusqu'où va ton amour? Si tu caches ta gloire
Pour éprouver ma foi, je n'en dois pas moins croire :
Oui, je te crois ici, parce que tu l'as dit ;
Toi-même es mon garant, ta parole suffit :
Qui pourrait accuser ta parole féconde ?
Elle qui du néant a fait sortir le monde !

L'homme parle : et, soudain, à la voix d'un mortel
Le sang de l'Homme-Dieu coule encor sur l'autel,
Le même qui, jadis, coula sur le Calvaire !
Pour les sens seulement l'apparence diffère ;
Tout paraît différent, tout est le même au fond :
Mais la foi seule atteint ce mystère profond.

C'est pourquoi, du Très-Haut cette épouse fidèle
L'Église a consacré sa fête la plus belle
Afin de célébrer ce bienfait excellent.

Dès l'aube du matin, un peuple vigilant
Du monarque des cieux décore le passage.
Des plus riches tapis le brillant étalage,
Le luxe des dessins, et l'éclat des flambeaux,
De distance en distance, attendent le repos
Où doit le Dieu d'amour, sur la foule pieuse,
Ouvrir de ses faveurs la source précieuse.

Mais, il arrive enfin, le moment solennel
Où, parmi ses enfants, doit marcher l'Éternel !
Du haut du temple saint l'airain sacré résonne ;
La foudre des combats avec fracas détonne,
Et salue, au départ, le vainqueur du trépas.
Formant leurs rangs épais, d'intrépides soldats,
Tout brillants de l'éclat d'une pompe guerrière,
De leurs casques dorés, font jaillir la lumière.
Tout s'ébranle soudain, au son des instruments,
Et le pompeux concours se déroule à pas lents

D'abord, un double rang de ces vierges modestes,
Emules, ici-bas, des habitants célestes,
De leurs robes de lin étalant la blancheur,
Symbole d'innocence ainsi que de candeur,
Louant le Dieu d'amour, dans leurs pieux cantiques
Charment par la douceur de leurs chants angéliques :

Des jeunes gens qui, loin d'un monde corrompu,
Sous l'aile de Marie ont placé leur vertu ;
Des vieillards parvenus au terme de leur course,
Dont la religion fait toute la ressource !
Des flambeaux à la main, tous baissent leurs regards.
Agités par le vent, les nombreux étendards,
De verdure et de fleurs les brillantes couronnes
Flottent dans la longueur des modestes colonnes.

A leur suite, au milieu de son plus riche éclat,
Depuis l'humble lévite, au plus marquant prélat,
S'avance la tribu sainte avec modestie,
Et d'un pas grave et lent, devant l'auguste hostie.
Parmi des flots de fleurs, dans les airs cadencés,
Les brillants encensoirs mollement balancés
S'élevant tour à tour, et tombant en silence
De l'Éternel, au loin, annoncent la présence.
Dans l'orbe étincelant de l'argent le plus pur,
Sous un dais qu'enrichit l'or, la pourpre et l'azur,
Paraît du Dieu de paix la majesté voilée,
Comme au fond sinueux d'une vivante allée.
Le pontife sacré, généreux confesseur
Qui défendit la foi dans les jours du malheur,
Soutient entre ses mains l'immortelle victime.

Toutes ces Dignités dont la charge sublime
Est de faire fleurir la justice et les lois,
Ou du commandement porter l'énorme poids,
De l'Arbitre des rois, composent le cortége :
C'est lui qui les soutient, c'est lui qui les protège,
C'est lui qui leur commit la force de son bras.
Enfin, la foule, au loin, se presse sur leurs pas,
Et du Dieu bienfaisant implore la clémence ;
Tout fléchit, se prosterne et tombe en sa présence.

Mais quel est ce mortel qui, seul, en furieux,
Élève contre Dieu son front audacieux,
Et semble provoquer sa vengeance assoupie ?
Cet insensé mortel, hélas ! c'est un impie :
Il se croit un grand homme, avec son fier dédain,
Car il sait blasphémer son juge souverain !
Le tribut de la foi lui semble une sottise ;
Pour lui, l'unique bien c'est de vivre à sa guise,
De toute autorité c'est d'être indépendant ;
Et son plus doux espoir, c'est l'espoir du néant ;
C'est de penser enfin, qu'à la brute semblable,
Tout finira pour lui dans la tombe effroyable.
Ah ! de tes passions émoussant l'aiguillon,
Arrête, arrête enfin, consulte ta raison.

Pour vaincre ton orgueil faut-il un noble exemple ¿
Tu seras satisfait : viens, approche et contemple.
De l'adoration se donne le signal ;
Humblement prosterné, vois-tu ce front royal,
Et tous ces demi-dieux qui gouvernent la terre,
Adorant en tremblant le maître du tonnerre,
Le Monarque des rois, le Souverain des cieux,
Le Dieu qui connaît tout et remplit tous les lieux.
Ces illustres guerriers, enfants de la victoire,
Qui moissonnaient jadis les lauriers de la gloire,
Restes de vingt combats, de sang tout épuisés,
Inclinent devant Lui leurs fronts cicatrisés;
Ici-bas, ils n'ont eu que la peine cruelle,
Ils attendent au ciel une paix éternelle :
Voudrais-tu leur ôter l'espoir d'un meilleur sort,
Leur dire : Vous aurez pour salaire la mort?

Non, non, consolez-vous ; en stériles services
Vous n'aurez pas conquis ces nobles cicatrices :
Trop souvent, ici-bas, s'ils sont mis en oubli,
C'est un devoir manqué, votre Dieu l'a rempli.
Vomissant de l'Enfer la trop fatale écume,
Toi, tu veux dans leur cœur répandre l'amertume ;

De Dieu tu voudrais faire un dieu d'iniquité,
Quand tout, sous le soleil, proclame sa bonté !
Prodigue de bienfaits, sa puissance infinie
Fait penser, fait agir, communique la vie
Aux êtres différents qui peuplent l'univers,
Et même de sa main il soutient le pervers ;
Il souffre tous les coups de son enfant rebelle,
Sa bonté le poursuit, et sa voix le rappelle ;
Mais, à la fin, ce Dieu devient un Dieu vengeur.
Soutiendras-tu, dis-moi, le jour de sa fureur ?
Ce jour, ce jour terrible où pâlit l'innocence,
Où le juste lui-même a besoin de clémence,
Où les anges voilés n'assistent qu'en tremblant ;
Ce jour épouvantable où l'Enfer en hurlant
Ouvre son gouffre affreux, et demande sa proie !
Alors le ciel frémit; et, d'une horrible joie,
Satan fait retentir son séjour ténébreux ;
De plus qu'auparavant il compte un malheureux !
Funeste aveuglement!!! Mais laissons là l'impie,
Et fuyons un malheur que trop cher il expie.

Cependant, tout à coup le fidèle concours
S'étend en longs circuits et termine son cours.

La pompe s'agrandit à cette heure dernière ;
De ses plus vifs accords, la musique guerrière,
En l'honneur du Très-Haut, fait retentir les airs ;
Partout en longs sillons, les rapides éclairs
Jaillissent par milliers des armes éclatantes ;
Les chasubles, les croix et les chapes traînantes
De la sainte tribu, ces habits précieux,
Des plus vives couleurs éblouissent les yeux.
Des fières légions la pompeuse ordonnance,
Et les flots recueillis de cette foule immense,
Tout enchante, éblouit, émeut le spectateur.

On aperçoit enfin le Dieu consolateur ;
Et le bronze et l'airain signalent sa rentrée :
Il a franchi le seuil de l'enceinte sacrée ;
Mais le cœur de ce Dieu, qui n'est pas satisfait,
Veut encor s'épancher par un nouveau bienfait.
Avant de s'arracher à ce peuple fidèle,
Et pour lui témoigner sa bonté paternelle,
Il le bénit encor, dernier gage d'amour ;
Et chacun, tout ému, regagne son séjour.

St-Brieuc, (Côtes-du-Nord), 1835.

HOMO MISERIARUM.

Le monde aussi m'avait souri
Quand je parus avec ivresse,
Brillant de force et de jeunesse ;
Alors j'étais son favori :
Mais que sa fuite fut légère
Quand il vit l'homme de misère !

Vers lui je portai mes désirs,
Un instant je fus son idole ;
Mais son encens bientôt s'envole !
Maintenant, loin de ses plaisirs,
Moi, je me console et j'espère,
Car je suis l'homme de misère !

Vous que le faste des grandeurs
Trop souvent ennuie, importune,
Chers favoris de la fortune,
Vous qu'elle comble de faveurs,
Tout vous sourit, tout vous prospère ;
Moi, je suis l'homme de misère !

Un jour, de cet état pompeux
Le trépas vous fera descendre ;
Moi, je dirai : « Sans plus attendre,
Allons ; heureux ou malheureux,
Il faut que la course s'opère,
Moi, je suis l'homme de misère. »

Un cortège nombreux d'amis
Suivra votre pompe funèbre,
Moi, je m'en irai moins célèbre ;
L'indigène, au passant surpris
De voir un cercueil solitaire,
Dira : « C'est l'homme de misère. »

Des noms, des titres fastueux
Chargeront votre mausolée,
Plus loin, sur ma fosse isolée,
Peut-être un regard dédaigneux
Lira, sur une croix grossière :
« Ici gît l'homme de misère. »

LE RÊVE DU MALADE.

Affaissés par l'excès de souffrances aigües,
Mes sens avaient goûté les douceurs inconnues
    D'une espèce de sommeil ;
Et déjà, de mon sein, un souffle moins pénible
Laissait, en s'exhalant, sur ma lèvre paisible,
    Une teinte de vermeil.

A mes regards brillait un rayon d'espérance,
Et mon esprit séduit, avecque complaisance,
    Bien loin portait son essor :
« O mort, éloignes-toi, disais-je, tout te frustre ;
Je ne fais que d'atteindre à mon cinquième lustre,
    C'est trop tôt mourir encor! »

Je suis à mon printemps : le printemps vient de naître,
Et combien de secours avec lui vont renaître !
   La nature ouvre son sein !
Bientôt, des végétaux la famille nombreuse
De mes maux va tarir la source malheureuse ;
   Puis l'air pur !... le temps serein !!!

Tout, au malade, encor sourit et le console :
Là l'aubépine en fleur, de sa blanche corolle
   Embellit le bord du sentier :
Et l'humble violette, à l'odeur parfumée,
Ici, se fait sentir de la haie embaumée
   Avec la fleur de l'églantier !

Oh ! oui, je puis encor prétendre à la vieillesse !
Hélas ! songe imposteur, que ta trompeuse ivresse
   M'a procuré de tourment !
Le réveil emporta l'illusion chérie ;
Et, d'un dernier regard, lorgnant encore la vie,
   Je suis le cours du torrent.

      YFFINIAC, 1836.

CHANSON.

LE DIABLE DE FOUGÈRES.

Du pays des Diablinthes
Un fait on m'a conté :
 Sont-ce feintes,
Ou simple vérité ?
Libre à chacun d'y croire.
Enfin, voici l'histoire
Telle qu'elle a couru,
 Lanturlu !

Venant sonner les cloches,
Gros-Jean, sonneur du lieu,
Sans reproches,
Un matin vit beau jeu :
Une bête cornue
Se présente à sa vue,
Un monstre hurluberlu,
Lanturlu !

Deux cornes effrayantes
Se dressent sur son front,
Menaçantes
Et formant demi-rond
Pendant qu'une moustache,
Noire et longue, s'attache
A son menton velu,
Lanturlu !

Jean sent la chair de poule
Lui passer jusqu'au cœur,
D'où découle
Une froide sueur :

Dans sa frayeur mortelle,
Sur ses pieds il chancelle,
Et dit : Je suis perdu !
    Lanturlu !

Il court au presbytère,
Crie en désespéré :
    « O misère !
Venez, monsieur le curé !
O chose épouvantable !
Jamais rien de semblable
Ne s'est encore vu,
    Lanturlu ! »

Réveillé par l'alarme,
Le curé sort du lit
    Au vacarme,
Voit Gros-Jean, et lui dit :
« Quoi d'extraordinaire ?
Quelle pressante affaire
T'amène ? que veux-tu ?
    Lanturlu ! »

Le diable est, en personne,
Dans la chaire à prêcher,
J'en frissonne !
Veuillez vous dépêcher :
Il a des traits difformes !
Et des cornes énormes!!
Et le corps tout poilu!!!
Lanturlu! »

— Voyons ce monstre étrange,
Se dit-il ; trait pour trait,
Du noir ange,
C'est vraiment le portrait :
Et dans la sacristie
Ils vont, de compagnie,
Pour chasser le cornu,
Lanturlu !

Le curé prend l'étole,
Le surplis ; et Gros-Jean,
Sans parole,

Marche après comme faon,
Et portant l'eau bénite,
Ce qui pourtant l'excite
Contre le saugrenu,
    Lanturlu !

Voyant ouvrir la porte,
Lui, croit que c'est du foin
    Qu'on apporte ;
Et, comme il sent besoin,
Jeûnant depuis la veille,
Il redresse l'oreille,
Puis accourt en goulu,
    Lanturlu !

Voyant l'ombre maudite,
Gros-Jean, sans examen,
    Prend la fuite,
Disant : Amen, amen !!
Et criant à tue-tête :
« O la vilaine bête !
J'étais sûr d'avoir vu !
    Lanturlu ! »

Mais toujours plein d'audace,
Au monstre, le curé
    Jette en face
Un regard assuré :
Cette ombre singulière,
C'est le bouc à Grand-Pierre,
Son œil l'a reconnu,
    Lanturlu !

Oui, le soir, dans l'église,
Il s'était introduit
    Par surprise ;
Et là, toute la nuit,
Enfin, la pauvre bête,
Avait lu la gazette
Plus qu'elle n'eût voulu,
    Lanturlu !

Le curé, sans main-forte,
Met le pauvre captif
    A la porte :
Lui, d'un bond preste et vif
Il fait une gambade,
Et prend son enfilade
Sans demander reçu,
    Lanturlu !

LE PÈLERINAGE.

IIe A M. L'ABBÉ F. DE LAMENNAIS.

Jusqu'à quand tes poisons, lâche et cruelle envie,
D'amertume et de fiel abreuvant notre vie,
Des malheureux mortels troubleront-ils la paix ?
Assez et trop longtemps, ta malice féconde,
      Pour le malheur du monde
      Poursuit ses noirs forfaits !

Toi-même, dans le cours de ta noble carrière,
De l'Église du Christ éclatante lumière,
La Mennais ! tu n'as pu te soustraire à ses coups !
Sans doute tu pourrais, du haut de ton génie,
      Frapper d'ignominie
      Son impuissant courroux.

Mais je te vois marcher vers la ville immortelle
Où réside à jamais la Sagesse éternelle,
Vers ces lieux consacrés par le sang des martyrs :
Tu vas, entre les mains du successeur de Pierre,
   Répandre ta prière,
   Tes vœux et tes soupirs.

C'est ainsi qu'autrefois, sûr de sa foi divine,
Le grand Paul, cependant, soumettant sa doctrine
Au jugement certain du prince des pasteurs,
Allait, de ses travaux abandonnant la lice,
   Confondre l'artifice
   De ses vils détracteurs.

Va donc aussi toi-même, à son illustre exemple ;
Va, la terre t'admire et le ciel te contemple !
Va, gravis le sommet de la sainte cité,
C'est, de l'antique foi, l'indéfectible asile
   Et le phare immobile
   Où luit la vérité.

Au pied du tribunal de ton juge suprême,
Va porter un cœur pur, un dévouement extrême ;
Va, ton triomphe est sûr : contre ses ennemis,
Non, l'Église n'a point un plus puissant athlète,
De plus docte interprète,
Ni d'enfant plus soumis.

Que ces monts sourcilleux, dont les cimes chenues
Semblent braver le ciel et surpasser les nues,
Où l'hiver en tout temps épanche ses frimas
Que ces rocs hérissés d'une éternelle glace,
Devant ta noble audace
S'abaissent sous tes pas.

Et puisse ta vigueur, égale à ton courage,
Supporter les travaux du pénible voyage
Où tu vas t'engager, ô pèlerin pieux.
Puisse répondre enfin, à ta mâle constance,
De ta frêle existence
Le souffle précieux !

Que l'Ange du Très-Haut, témoin de ta foi vive,
Comme autrefois le fils du juste de Ninive,
Te garde et te conduise aux seuils hospitaliers :
Et, du Pontife saint que la main paternelle
   D'une palme nouvelle
   Ravive tes lauriers !

A venger ses affronts la vérité s'apprête !
Tremblez, fiers gallicans ! le coup de la tempête,
Dont le bruit sourd longtemps roula dans le lointain,
Approche, au Vatican je vois briller la foudre,
   Prête à réduire en poudre
   Le monstre au front hautain !

Toi, baisant les degrés de la chaire infaillible,
Retrempe, La Mennais, ton armure invincible
Dans les flots abondants de la foi de Céphas ;
Et descendant alors de la sainte montagne,
   Que l'espoir t'accompagne
   A de nouveaux combats.

Pour nous, abandonnés seuls dans la solitude,
Comme Israël jadis, avec inquiétude,
Nous tiendrons constamment nos yeux fixés vers toi,
Jusqu'à ce que tes mains, au combat éprouvées,
   Nous rapportent gravées
   Les tables de la loi.

Mais crains, surtout, ah! crains qu'une trop longue attente
Ne devienne funeste à l'âme chancelante !
Quand Moïse habitait sur les sommets fumants,
Tu sais qu'un peuple immense à d'indignes idoles
   Offrait ses vœux frivoles
   Et son coupable encens.

Sur ce nouveau Sina, du temps que tu demeures
Avec anxiété nous compterons les heures,
Reviens donc sans tarder ! si nos débiles yeux
Ne peuvent supporter l'éclat de ton étoile,
   Nous couvrirons d'un voile
   Ton front trop radieux !

LES SS. NOMS DE JÉSUS ET DE MARIE.

Oh ! gloire à vous, Jésus ! Marie !
Louange soit à vos saints noms !
L'amour et l'espoir de ma vie,
Vous de qui viennent tous les dons !
Par qui le ciel s'ouvre à la terre,
Et répand la fécondité ;
Que tout vous aime et vous révère ;
Noms sauveurs de l'humanité !

Jésus ! nom saint, nom adorable
Qu'a pris le fils de l'Éternel !
Et que, dans sa tendresse aimable,
Il unit à l'homme mortel !
Que de vertus ce nom rassemble !
A ce nom du souverain Roi,
Le ciel se lève, l'enfer tremble,
Et la nature est en émoi !

C'est lui qui calme, agite l'onde,
Qui déchaîne et retient les vents ;
A son ordre, la foudre gronde,
Roule en éclats retentissants :
La terre en tressaille, ébranlée
Jusqu'à ses fondements profonds,
Des abîmes de la vallée
Jusques à la cime des monts !

Rien ne résiste à sa parole ;
Il dit, et tout sort du néant :
Sur l'univers, en auréole
Il arrondit le firmament :
Le ciel est peuplé par les anges,
Sous qui mille astres radieux
Roulent en brillantes phalanges
Avec un ordre harmonieux.

Chaque élément, mis à sa place,
Reçoit ses habitants divers ;
L'oiseau s'empare de l'espace,
Le poisson nage au sein des mers :

Parmi les prodiges qu'enfante
La terre, au gré de son auteur,
De Dieu, l'homme, image vivante,
Dresse son front dominateur.

Il tombe, infortuné monarque !
Mais de sa chute il sort plus grand ;
D'un sceau plus divin Dieu le marque,
En l'élevant jusqu'à son rang :
Jésus opère ce prodige,
En se mettant à notre lieu ;
Envers Dieu même un Dieu s'oblige,
Et, fait homme, rend l'homme dieu !

Au plus profond de la misère
Il vient se charger de nos maux :
Saint, il naît d'une vierge mère
Dans l'étable des animaux :
Pour annoncer la délivrance,
En tout le pays d'alentour,
Les anges chantent sa naissance ;
Des bergers composent sa cour.

Ainsi l'auteur de la nature
Au faste orgueilleux des mondains,
Préfère une âme simple et pure ;
Sensible aux malheurs des humains,
Il verse un baume salutaire
Sur chacune de leurs douleurs ;
Et, depuis la crèche au calvaire,
A leurs maux il mêle ses pleurs.

Sa divinité, méconnue
Sous l'ombre de l'humanité ;
Donne aux aveugles la vue ;
Rend aux malades la santé,
L'ouie aux sourds ; aux morts la vie ;
Aux boiteux leur ferme soutien :
Des muets la langue il délie ;
Bref, il passe en faisant le bien.

Il ne recueille que la haine,
En récompense du bienfait ;
Et, comme un tendre agneau qu'on traine
A la mort, toujours il se tait :

Trahi, vendu, chargé d'outrages,
Il entend mille et mille voix
L'insulter par leurs cris sauvages
Jusqu'au supplice de la croix.

Pour ses brebis, pasteur aimable,
Il a sacrifié ses jours!
Qu'il soit donc, ce nom adorable,
Le digne objet de mes amours !
Aujourd'hui, couronné de gloire;
Il règne au plus haut des Cieux
Qu'il m'a rouverts par sa victoire,
Au prix de son sang précieux !

Il a reçu toute puissance ;
Nul être ne s'en affranchit ;
Ciel, terre, enfer, en sa présence,
Tout front et tout genou fléchit :
A lui, d'hommage et de prière
Que tout rende un juste tribut ;
Car c'est le seul nom sur la terre
Qui puisse donner le salut.

Et vous, bonne et douce Marie,
Le chef-d'œuvre de l'Éternel !
Vous, de Jésus mère chérie,
Reine de la terre et du ciel !
Que de charmes ce nom réveille !
Quel souvenir tendre et vainqueur !
Comme il est doux à mon oreille,
Comme il épanouit mon cœur !

Bénie entre toutes les femmes,
Tendre gardienne de nos jours !
Et refuge assuré des âmes
Qui réclament votre secours !
Vous, si sensible à nos disgrâces,
Pour nous, auprès de votre fils,
Dispensatrice de ses grâces !
Obtenez-en les plus doux fruits.

Lorsque autour de nous les tempêtes
Se déchaînent dans leur courroux,
Astre de salut ! sur nos têtes,
Hâtez-vous de briller pour nous !

Et, qu'au sein d'une nuit perfide,
Votre bienfaisante clarté
A travers l'orage nous guide,
Et nous conduise en sûreté.

Qu'enfin les derniers dans ma bouche,
Jésus ! Marie ! ah ! que vos noms
Éloignent la rage farouche
Et les embûches des démons,
Quand viendra la fin de ma vie ;
Et, fort d'un pareil souvenir,
Que dans votre sein, ô Marie,
Je rende mon dernier soupir !

III.

A M. L'ABBÉ F. DE LAMENNAIS.

LE RAPPEL.

Des hauteurs de la foi j'ai regardé la terre,
Je n'ai vu sous le ciel que vide, que misère,
      Et mon cœur s'est troublé !
Grand Dieu ! que des mortels la faiblesse est extrême !
Tout change, tout est vain : et du Liban, lui-même
      Le cèdre est ébranlé !

Dans son cours orageux, notre vie est en proie
Aux désirs, aux regrets, aux douceurs de la joie
      Ainsi qu'au noir souci !
Tel encore l'éclair brille au milieu de l'orage,
Et le plus beau soleil par un subit nuage
      Est souvent obscurci.

Tour à tour emporté par son aile intrépide,
Jusqu'au dessus des vents poussant son vol rapide
   Et se perdant aux yeux ;
L'aigle ne plane pas toujours sur la montagne
Mais on le voit aussi fondre sur la campagne,
   Puis revoler aux cieux.

L'ange même est tombé du trône de sa gloire !
Son cœur ne dira plus l'hymne de la victoire,
   Il est vide d'amour !
Resserré par les nœuds d'une brûlante chaîne,
Ce superbe aux horreurs d'une cruelle haine
   Est livré sans retour.

Plus heureux, l'homme tombe et se relève encore ;
Dieu qui prête l'oreille à la voix qui l'implore,
   Dieu, du fond de son cœur
Chassant le souvenir d'une erreur passagère,
Semble même accorder au repentir sincère
   Un surcroît de faveur.

Comme un lion fougueux, altéré de carnage,
Paul, en des flots de sang, pour assouvir sa rage,
    Veut éteindre la foi :
Vains efforts! son courroux en zèle salutaire
Se change tout-à-coup; Jésus-Christ veut en faire
    Le hérault de sa loi !

Du plus ardent amour tout brûlant pour son maître,
Pour lui, s'il l'eût fallu, Pierre croyait paraître
    Prêt à verser son sang ;
Une femme a parlé, trois fois il le renie !
Et Jésus cependant (ô tendresse infinie !)
    L'élève au premier rang.

Reviens donc, La Mennais, à l'exemple de Pierre ;
Corrigé, pour jamais, par sa chute première ;
    Il ne peut plus faillir ;
Et les vents déchaînés, la foudre et la tempête,
Et les flots suspendus au-dessus de sa tête
    Viennent-ils l'assaillir !

C'est en vain ; sa nacelle en butte à leur furie,
Contre tous leurs assauts dès longtemps aguerrie,
   Triomphe de leur choc !
Non, l'Église n'a point à craindre de ruine,
Elle résiste à tout, car une main divine
   La fonda sur le roc.

Qui le sait mieux que toi, dont la mâle éloquence
A, partant de travaux, vouée à sa défense,
   Vengé son étendard ?
Oh! non, tu n'iras pas transfuge déplorable,
Comme un lâche assassin, dans son flanc vénérable
   Enfoncer le poignard !

N'entends-tu pas les cris que sa bouche t'adresse?
« Hélas ! qu'il est amer, le chagrin qui m'oppresse,
   Qu'il pèse sur mon cœur !
Il est sourd à ma voix, il méprise mes larmes,
Celui qui devait être, au temps de mes alarmes,
   Mon plus vif défenseur !

« Voudrais-tu contre moi lever un front rebelle?
Imite Fénelon : ah! son âme était belle,
   Et son cœur noble et pur!
Heureux qui, comme lui, tâche de se conduire!
Parmi d'épais brouillards le soleil ne peut luire,
   C'est dans un ciel d'azur.

« Il est beau d'imiter un exemple sublime :
Songe qu'en résistant, il se creuse un abîme
   Sous ton pied chancelant :
L'on ne trouve qu'en moi la paix et l'innocence;
Tout n'est que trouble ailleurs: c'est par l'obéissance
   Que l'homme est vraiment grand !

« Serait-ce un vil dépit, ou l'orgueil qui t'enflamme?
Non, l'orgueil est trop bas pour une si grande âme,
   Il ne l'atteindra pas :
Que marque-t-il? L'orgueil, l'absence du mérite;
Et ce n'est qu'en une âme, ou frivole ou petite,
   Qu'il glisse ses appâts.

« Ah! viens, que sur mon sein je te presse avec joie ;
Quitte, quitte, mon fils, de cette sombre voie
        Les tortueux sentiers :
Les applaudissements que te donne l'impie
Ne peuvent que ternir tout l'éclat de ta vie,
        Et flétrir tes lauriers.

« Intrépide soldat, trop longtemps tu sommeilles;
Pour de nouveaux exploits, il faut que tu t'éveilles,
        Accours sous mon drapeau :
Qu'est devenu le feu de ton ardeur passée ?
Viens, à mon saint foyer, de ta gloire éclipsée
        Rallumer le flambeau.

« Si les traits ennemis t'ont fait quelque blessure,
Viens je t'offre un asile, une retraite sûre,
        L'abri de mon giron :
Viens, ma tendre amitié t'attend et te pardonne ;
Mon fils ! qu'un prompt retour ajoute à ta couronne
        Un immortel fleuron !

« Courbe au joug de la foi ton âme exaspérée,
Dans les plis de l'erreur un instant égarée,
   Il est doux et léger !
Mais Dieu veut de ta part cet humble sacrifice;
Reponds à son amour, et crains que sa justice
   Ne vienne à se venger.

« Méconnais-tu les sons de cette voix austère ?
C'est la voix de ton Dieu, c'est la voix de ton père,
   La voix de ton Sauveur
Qui, pour prix de son sang, veut qu'à sa sainte Église,
Tout mortel, quel qu'il soit, soumette avec franchise
   Son esprit et son cœur.

« Arrache cet œil droit qui te devient funeste;
Tranche ce membre impur, et, pour sauver le reste,
   Jette-le loin de toi:
Celui qui se détourne et regarde en arrière,
Quand il est une fois entré dans la carrière,
   N'est pas digne de moi.

Ta soif pour le martyre est-elle donc éteinte?
Ces soupirs embrasés n'étaient-ils qu'une feinte?
   Ah! par un noble effort,
Si jadis, Cyprien triompha dans l'arène,
L'ardent Tertullien et le docte Origène
   Ont-ils eu même sort?

Oui, le martyre même est une œuvre frivole ;
C'est un airain sonnant dont le vain bruit s'envole,
   Un ombre sans soutien :
En vain ta foi pourrait transporter la montagne,
Si l'humble charité n'est sa tendre compagne,
   Tout cela ce n'est rien.

Jusqu'à quand seras-tu sourd à tant d'indulgence?
Tous tes amis en pleurs ont fui de ta présence,
   En se voilant les yeux,
Indignés qu'ils étaient de ton ingratitude;
Ce cruel abandon, et cette solitude
   Te sont-ils précieux? »

« Trève donc, à la fin, à ta fierté farouche;
Parle, implacable Achille, un seul mot de ta bouche
Va les rassembler tous :
D'un auguste vieillard la voix encor te presse,
Il redemande un fils; ah ! cède à sa tendresse
Et tombe à ses genoux. »

O'CONNEL.

Grand Dieu! qu'est devant toi le vain pouvoir des hommes?
Le plus faible mortel, dès lors que tu le nommes,
      Peut le rendre au néant :
Tu triomphes en vain, ô Goliath superbe !
Ton cadavre sanglant va s'étendre sur l'herbe
      Par la main d'un enfant.

Oui, le moindre instrument au Très-Haut peut suffire :
Sous les coups de Judith un Holopherne expire,
      Et les siens sont défaits !
Ici, de Vaucouleurs c'est la vierge inspirée
Qui, du sol envahi de la France éplorée,
      Chasse les fiers Anglais !

De Joseph oublié lorsque le peuple antique
Courbait son front flétri sous le joug tyrannique
          D'un despote bourreau ;
Dieu, qui de Pharaon veut briser l'insolence,
Dédaigne un bras puissant ; il remet sa vengeance
          Au gendre de Jéthro !

Il s'avance et saisit, au lieu de la houlette,
La verge des fléaux, implacable interprète
          Des volontés du Ciel :
Vaincu par les revers, l'Égyptien sauvage
Relâche en frémissant de regret et de rage
          Le peuple d'Israël.

Par le secours divin, à force de miracles,
Moïse a triomphé de mille et mille obstacles,
          Enfants de vains complots :
Devant lui la mer s'ouvre et lui livre passage ;
Pharaon le poursuit, avide de carnage
          Et périt sous les flots.

Avec tous ses soldats, ainsi Dieu l'extermine,
Et le peuple à l'envi bénit la main divine
   Qui se fait son appui;
Puis bientôt il s'ébranle et par ordre s'avance
Guidé par un nuage en ce désert immense
   Qui s'étend devant lui.

Moïse les conduit pendant quarante années;
Et, bravant les clameurs des tribus mutinées,
   Il parle en souverain :
Enfin l'on touche au but; c'en est fait pour Moïse:
Il meurt en contemplant cette terre promise
   Des hauteurs du Jourdain.

C'est ainsi qu'en des jours de misère profonde
Un homme est apparu, pour étonner le monde,
   Choisi par l'Éternel :
Seul, sans secours humain, puisant tout en lui-même,
Et plus fort que les rois, sans nul titre suprême;
   Tel parut O'Connell!

De son peuple opprimé l'espérance et l'idole,
De milliers d'affamés, sa puissante parole
   Arrête les excès :
Il sera leur sauveur; il prend en main leur cause;
Sans dévier d'un pas, au but qu'il se propose
   Il marche avec succès.

Mais, pour y parvenir, le temps est nécessaire :
Sujet, il ne veut rien conquérir par la guerre,
   Mais tout par le devoir :
Il ne fournit jamais prétexte à la malice
De ses persécuteurs; son droit et la justice,
   Voilà son seul espoir.

Un peuple à qui la faim ne laisse nulle trêve
Voudra-t-il s'y soumettre ? et n'est-ce pas un rêve
   De vouloir l'obtenir ?
Non : O'Connell l'a dit en accents énergiques,
Ces squelettes vivants, fantômes faméliques
   Mourront pour obéir.

Qui pourrait mesurer la puissance infinie
Que Dieu, quand il le veut, communique au génie
>> Dans un simple mortel !

La foi qui vient du Ciel ne connaît point d'obstacle :
De tes hardis projets ce fut là le miracle,
>> Catholique O'Connell.

Pendant que ton Érin, pleine de confiance,
Accueillait tes discours, et même ta présence,
>> De transports délirants,

L'univers admirait ta constance sublime !
Car toujours l'intérêt s'attache à la victime
>> Et l'horreur aux tyrans.

Tu tenais en tes mains le calme et la tempête !
Parle tu de briser d'une injuste conquête
>> Le joug avilissant ?

A tes mâles discours, l'enthousiasme enivre
Ces millions de cœurs que l'on aurait crus vivre
>> De ton souffle puissant.

Veux-tu calmer l'ardeur de cette foule immense ?
Un seul geste de toi fait régner le silence,
   Et taire le courroux :
Le sarcasme écrasant, l'ironie incisive
Ainsi que l'onction douce et persuasive
   Font leur effet sur tous.

Ainsi contre un rocher à base indestructible
La vague, s'avançant mugissante et terrible,
   S'élance avec effort :
A ce choc vigoureux sa furie impuissante
Se brise, et ne fait plus que rouler, clapotante,
   Jusqu'aux sables du bord.

Tel est de la vertu l'irrésistible empire !
Contre un homme de bien, que peuvent du délire
   Les agitations ?
Quand un cœur mâle est là, qui bat dans sa poitrine,
Il porte haut son front, que rarement domine
   Le flot des passions.

Aussi, toujours luttant, ta grande âme aguerrie
Contre les oppresseurs de ta triste patrie
  Ne recula jamais :
Tu déjouas toujours tous leurs plans versatiles,
Et gravas sur leurs fronts, en traits indélébiles,
  Leurs odieux forfaits.

Bravant avec dédain leur fureur inhumaine,
Comme un lion traqué par une meute vaine,
  Tu rugissais d'effroi ;
Et, malgré les clameurs de leur aveugle rage,
Ils n'osèrent jamais, respectant ton courage,
  Porter leurs mains sur toi.

Épuisé, non vaincu dans ces luttes de flamme,
Un jour vint où ton corps fit défaut à ton âme
  Et trahit ton esprit :
Alors tu t'avanças vers la ville éternelle
Pour courber tes lauriers sous la main paternelle
  Du vicaire du Christ.

Vous, du moins, vous pouviez l'un l'autre vous comprendre
Vos cœurs, à tous les deux, si bien faits pour s'entendre,
        Battaient à l'unisson !
Toi, l'ardent champion ; lui, l'homme apostolique ;
L'un et l'autre luttant, pour la doctrine antique,
        Chacun à sa façon.

En vain le doux soleil de la belle Italie
Te versait la chaleur dont ta force affaiblie
        Éprouvait le besoin :
Cette sainte cité, chère à ta foi soumise,
Tu devais seulement, comme un autre Moïse,
        La contempler de loin.

Ton espoir fut trompé ; la divine Justice
Exigeait de ta foi ce dernier sacrifice
        Pour t'ouvrir sa splendeur ;
Car déjà tu touchais à ton heure suprême,
Et Rome ne devait posséder de toi-même
        Rien que ton noble cœur.

Sur ton Irlande, alors, quelles sombres ténèbres !
Que de cris déchirants, que de sanglots funèbres
   Fit retentir ton deuil !
Bientôt un peuple entier, qui pleure en toi son père,
En foule, t'entourant, comme un saint qu'on révère,
   Baisera ton cercueil.

Adieu donc, O'Connel ! du sein de l'Empyrée,
Sois encor près de Dieu, pour l'Irlande éplorée,
   Un protecteur constant !
O'Connell ! O'Connel ! longtemps ce nom magique
Fera battre les cœurs au contact électrique
   De son charme puissant !

     Oisly, le 5 octobre 1847.

A PIE IX.

Salut, ô saint Pontife, en butte à la disgrâce,
    Aux plus coupables attentats,
Vous qu'un peuple trop cher, par une impie audace,
    Ose bannir de vos Etats !

Alors qu'à son essor votre main généreuse
    Ouvrait un plus large avenir
Que n'eût pu la raison la plus ambitieuse
    Oser prétendre l'obtenir.

Il vient, ce peuple ingrat, dans sa folle exigence,
    Insulter à votre bonté ;
De parricides bras, armés par la vengeance,
    Se sont souillés d'iniquité !

Consolez-vous, pourtant ; tous ne sont pas complices
    De ces attentats odieux !
Un plus grand nombre, dont vous faites les délices,
    Vous garde un amour précieux.

Les plus riches métaux ne sont pas sans scories ;
    Lorsque la fusion se fait,
Bouillonne un vil amas d'écumes effleuries
    A la surface du creuset.

Telle est pour les bienfaits l'ingratitude extrême ;
    Son noir venin n'épargne rien :
Il n'a pas respecté le Fils de Dieu lui-même,
    Qui passait en faisant le bien.

Voyez autour de lui ce peuple qui se presse
    Crier en transports triomphants :
« Gloire au fils de David ! ! » lui jetant, plein d'ivresse,
    Ses palmes et ses vêtements.

Puis, passant tout à coup à des fureurs tragiques,
  Entendez-vous ces mêmes voix
Proférer contre lui ces clameurs frénétiques :
  « A la croix ! sus ! sus ! à la croix !!! »

Le voyez-vous couvert de sang, d'ignominie,
  Outragé, conspué, vendu ;
Et buvant le calice, enfin, jusqu'à la lie,
  Mourir à la croix suspendu ?

Marchez donc sans faiblir sur ses traces divines,
  C'est votre titre le plus beau :
Votre couronne aussi n'est qu'un tissu d'épines,
  Et votre sceptre qu'un roseau.

Pour prix de vos bienfaits, l'on prodigue l'outrage
  A votre grand et noble cœur :
Dans ces maux passagers, armé d'un saint courage,
  Soyez plus fort que le malheur.

Le temps a fait un pas : le vieux monde chancelle
    Au seuil d'un nouvel avenir ;
Et pendant que sa vie ainsi se renouvelle,
    C'est à vous de le soutenir.

Œuvre immense, il est vrai, mais que la Providence
    Paraît vous avoir réservé,
Jusqu'au moment heureux où de la délivrance
    L'ardu travail soit achevé.

Oui, l'humanité même a ses phases critiques
    De douloureux enfantement :
Ensuite elle reprend ses progrès pacifiques
    Vers un nouvel avénement.

Dieu l'appelle ; elle monte avec inquiétude
    Un degré de perfection ;
Mais ce n'est pas sans pleurs, sans vive lassitude
    Que s'opère l'ascension:

Combien il faut alors de force et de prudence !
Tout est péril de tout côté ;
Soit, dans ses faux écarts, l'ardente impatience,
Soit l'inepte immobilité.

Pour atteindre son but, la puissance divine
Unit la force à la douceur :
Mais un désordre affreux, le trouble et la ruine
Sont les seuls fruits de la rigueur.

Puisse ce peuple ingrat dont vous fûtes l'idole,
Vous témoigner son repentir,
Rendant un triple hommage à la triple auréole
Du Prince, Pontife et Martyr.

Avec vous, en effet, Rome est reine du monde,
La capitale de la foi ;
Sans vous elle n'est plus, dans sa chute profonde,
Que la veuve du peuple-roi.

Puisse enfin, admirant votre âme magnanime,
    Plus forte que l'adversité,
L'univers, à l'envi, de votre foi sublime
    Reconnaître l'autorité !

février 1849.

MARIE THÉRÈSE DE FRANCE.

Le roi-martyr au ciel est rejoint par sa fille !
Et, de tous les débris de sa noble famille,
Pour lui fermer les yeux, un homme reste seul :
Mais son dernier regret, sa suprême souffrance,
C'est la France qu'elle aime ; et ce n'est pas la France,
A ses restes sacrés, qui fournit un linceul !

Soixante ans de martyre ont éprouvé sa vie,
Et toujours elle aima son ingrate patrie ;
Rien ne peut l'effacer dans son cœur généreux :
Elle y puisa sans fin, au temps des plus grands crimes,
Des pardons aux bourreaux et des pleurs aux victimes ;
Et pour la France encor furent ses derniers vœux.

Elle avait tant souffert aux lieux de sa naissance,
Que de son noble cœur l'énergique puissance
Voulait que son amour égalât ses douleurs :
Quand elle rappelait l'existence passée,
Le souvenir toujours ramenait sa pensée
Vers les lieux qu'elle avait consacrés par ses pleurs.

Des lambris d'un palais dans lequel elle est née,
Innocente, des rois la fille infortunée
Au sein d'une prison voit consumer ses jours :
Plus de gardes courtois ; des geôliers cannibales,
De crapule et de sang, abjects Sardanapales,
Veillent sur leur victime, ainsi que des vautours.

Son père qui fut roi, sa mère qui fut reine,
Victimes tous les deux d'une implacable haine,
Avaient porté leur tête à l'échafaud sanglant !
Dans la captivité partageant leur misère,
Elle pleurait leur mort et l'absence d'un frère
(Comme elle aussi captif) qui n'était qu'un enfant.

Lui-même enfin périt en d'atroces tortures :
Ses ennemis alors, honteux de tant d'injures,
De l'auguste captive ont fait tomber les fers ;
Mais la sainte orpheline, à la beauté flétrie,
Voit à jamais perdue et famille et patrie,
Et va cacher son deuil en pays étrangers.

Elle couvre ses yeux, puis s'éloigne et pardonne.
Que lui fait désormais l'éclat d'une couronne ?
Elle a vu de trop près le néant des grandeurs :
Sur le trône parfois la sagesse s'oublie,
Et la pourpre des rois, par le vice salie,
A couvert sous ses plis souvent bien des hideurs.

Malheur à qui dégrade un caractère auguste !
Combien il est plus beau le spectacle d'un juste
Aux prises, sans faiblir, avec l'adversité !
Voilà quel fut ton sort, ô femme courageuse !
Et pendant tous les jours de ta vie orageuse
Tu portas du malheur la sainte majesté !

Le courage éprouvé, la vertu magnanime
Ont acquis pour jamais à la femme sublime
Les respects que l'on rend à l'excès de ses maux :
Il n'est pas un seul front, quand il porte un cœur d'homme,
Qui ne s'incline pas devant celle qu'on nomme
L'Orpheline du temple, Héroïne à Bordeaux.

Dieu seul est ton soutien. Va donc, pauvre orpheline,
Marche, et prends confiance en la bonté divine ;
Touché de tes vertus, Dieu guidera tes pas :
Oui, tu retrouveras encore une famille,
Un baume adoucira ton âme plus tranquille ;
Et ta patrie, un jour, te rouvrira ses bras.

Le pouvoir, de nos jours, comme une ombre s'envole ;
Il n'en est pas ainsi de la sainte auréole
Que sur un front d'élite imprime la vertu :
Elle ne dépend pas des orages du monde ;
Que viennent les revers, que la tempête gronde,
Son pouvoir pour cela n'en est pas abattu.

Mais sur toi, de nouveau, vient fondre la ruine :
Reçois, en adorant, la couronne d'épine,
Et le crêpe de deuil, le sceptre de roseau ;
C'est l'appui des élus : prends, d'une main hardie,
La coupe des douleurs; bois-la jusqu'à la lie,
Car la France pour toi n'aura pas un tombeau.

Mais Dieu n'est pas ingrat ! Tes vertus héroïques
Recevront dans le ciel des trésors magnifiques
Que n'altèreront pas la rouille ni les vers :
Alors tu lèveras ta tête triomphante,
Car Dieu couronnera d'une gloire éclatante
Ceux qu'il aura fait boire au torrent des revers.

28 octobre 1851.

LE PRINTEMPS.

Enfin l'aurore
A pas moins lents
Vient faire éclore,
Brillant phosphore,
Les feux naissants
Dont la colore
L'astre qui dore
Ces vastes champs
Que l'homme ignore :
Salut encore,
Toi que j'attends
Depuis longtemps,
Toi que j'implore,
Amant de Flore,
Jeune printemps !

Viens et décore
Nos bois flétris
De ta verdure !
Que la nature
Aux yeux surpris
Du riche prix
De sa parure,
Loin du pourpris
De la froidure,
Sorte plus pure
Et sans blessure
De ses débris.

Qu'avec Favone
Le doux Zéphir
Sous notre zône
Roulant son trône
Où le saphir
Qui l'environne
Brille et rayonne
Des feux d'Ophir,

Sur ta couronne
Tresse et festonne
Le blanc bandeau
Qu'attend l'automne
Qui boit, fredonne
Sur son tonneau ;
Et que Pomone
Cueille et moissonne
Pour son caveau.
Comme il est beau
L'humble ruisseau
Qui fuit, résonne,
Doux, monotone,
Sur ce coteau
Qui se gazonne
Et se couronne
D'un vert nouveau ;
Où s'abandonne
La gent gloutonne,
Pourtant si bonne,
Du gras troupeau.

Dans la vallée
Plus de glaçon ;
L'aigre gelée,
Échevelée,
De l'Aquilon
Fille exilée,
S'en est allée
De l'horizon :
La sève enflée
Rompt sa prison ;
Du frais gazon
L'herbe est foulée ;
Du liseron
La fleur roulée,
D'Immaculée
Portant le nom,
Entremêlée
Au vert buisson,
Pend en feston :
La feuille ailée,
Renouvelée
Sort étalée
De son bouton ;

Et la moisson,
Jadis hâlée,
Etiolée,
Comme brûlée
D'un lent poison,
S'est réveillée
Au sein de Rhée,
Emerveillée,
Croit à foison,
Verte et feuillée,
Comme taillée
A l'unisson.

Naissez en foule,
Aimables fleurs !
Que vos couleurs
Brillent des pleurs
Que vous refoule
Cette eau qui coule,
Murmure et roule
Si doucement
Ses flots d'argent,
Ridés du vent ;

Sur cette rive
Où vient si vive
En bourdonnant,
L'abeille active,
Ailé convive,
Pomper l'onguent
Et le ciment
Dont elle tire,
Avec la cire,
Un miel charmant ;
Et dont le pire,
Ou sédiment,
Sert à construire
Si savamment
Ce bâtiment
Dont l'œil admire
Avec délire
L'agencement
Et l'agrément.

Sur ce rivage
Baigné des eaux
Où, sous l'ombrage,
Au bruit sauvage
Des chalumeaux,
Gentils agneaux
Broutent l'herbage
Du pâturage,
Et font, par sauts,
Leur badinage,
Sous le feuillage
Des verts rameaux,
Joyeux ramage,
Bruyant sifflage,
Concerts nouveaux,
Accords plus beaux !
Jeux, badinage
Et babillage :
Jolis oiseaux
Font étalage
De leur plumage ;
Riches manteaux,

Léger bagage
Qui les soulage
Contre tous maux
Et tout outrage ;
Seul héritage
Et seuls joyaux
Que leur lignage
Ait pour partage
De ses travaux.

Sur cette grille,
Aux yeux ravis,
Du pêcher brille
La fleur gentille,
Comme un tapis
Tout de rubis
Du plus grand prix,
Semés par mille,
Près de l'iris
Et la jonquille
Fleurit le lis
Qu'un méchant drille,
Ver ou chenille,

Sous ses noirs plis
Souille et gaspille,
Et s'entortille
Dans ses débris.
Dans la charmille
Pleine de nids,
D'oiseaux petits
Mainte famille,
Joyeux quadrille,
Joue et babille
Ou s'égosille,
Poussant des cris
Qu'on aurait dits
De vrais conflits
Ou des pits-pits
Inérudits ;
Vole, sautille
Et s'éparpille
Aux moindres bruits,
Dans les taillis
Les plus fournis.

Du bois l'orée,
Naguère, aux jours
Du froid Borée,
Triste, éplorée,
Décolorée,
Dans tout le cours
De son parcours,
Enfin recrée
Et nous agrée,
Grâce au secours
De sa livrée
Si variée,
Brille entourée
De ses atours,
Comme parée
Par les amours ;
L'onde azurée,
Qui par cent tours
Et cent détours,
Semble égarée
Dans la contrée,
L'a pénétrée
Dans ses pourtours,

La tient toujours
Désaltérée
Et saturée,
Par la durée
De longs séjours
Aux alentours ;
La centaurée,
La chicorée,
L'oreille-d'ours,
Nous l'ont montrée
Toute dorée
Et diaprée
Dans ses contours

Là, l'églantine
Pare le sein
De la ravine,
Brave la main
Qui la destine
Au front serein
D'une cousine ;
Non, j'imagine,

D'une héroïne
Au front hautain,
Et dont la mine
Rogue et chagrine
N'a nul besoin
D'un pareil soin.
Là, l'aubépine
Embaume, au loin,
L'air qui butine
Son étamine,
Et borde enfin
Tout le chemin
D'un blanc satin.
Ici domine
La capucine,
Fleur purpurine
D'un or très-fin :
Là, du jardin
Reine vernale,
La rose étale
Sur son pétale
Son beau carmin
Mêlé d'opale,

Où sa rivale,
L'hémérocalle,
Perd son latin.
Ici s'exhale
L'odeur du thym,
Cher au lapin,
Qui s'en régale ;
Du romarin
Et du jasmin.

Là, l'alouette
Sort du guéret,
Et, guillerette,
Dans l'air répète
Sa chansonnette ;
Et le verdet
Son doux caquet
Dans le bosquet.
La violette,
Humble et discrète,
Courbe sa tête
Près du muguet,
Que souvent met
Jeune fillette

A sa bavette,
D'un air coquet.
Plus loin, l'œillet
Tend et projette
De son aigrette
Le long filet ;
La paquerette
En colerette
Blanche et proprette ;
Puis le bleuet
A la fleurette
En dentelette,
Qui, du reflet
D'un bleu très-net,
Passe ou s'arrête
Au violet ;
Et du genêt
La jaune crête,
Tapis de fête
De la forêt,
Produit l'effet
D'un or parfait.

Tout plait, enchante
Avant l'été ;
Eau murmurante,
Herbe luisante
De tout côté !
Décors de plante,
Haie élégante,
Fleur odorante,
Source abondante
De suavité,
De volupté
Et de gaité !
Forêt bruyante
Et verdoyante !
Plaine riante !
Dieu de bonté !
Tout dit et chante
La gloire ardente,
Toute éclatante
Et ravissante
De ta beauté !
Tout réprésente

A l'âme aimante,
Toute brûlante
De charité,
La paix constante
Et consolante
De l'équité,
Que donne et vante
A notre attente,
L'éternité !

Mais toi, jeunesse,
Crains, ô malheur !
Ah ! crains l'adresse
De la mollesse,
Monstre imposteur
Dont la tendresse
Enchanteresse
N'est que douleur
Et que tristesse ;
Brille sans cesse
Par ta candeur,
Comme la fleur
Qui t'intéresse
Par la richesse
De sa couleur ;

Que la sagesse,
Aimable hôtesse,
Verse en ton cœur
L'aimable ivresse
De l'allégresse
Et du bonheur;
Et qu'elle y laisse
Pour la vieillesse
Un miel flatteur
Dont la saveur
Calme et redresse,
Par sa vigueur,
De ta faiblesse
Et la rudessse
Et la langueur.

L'ÉTÉ.

La nature a perdu sa fraîcheur printanière :
Le Lion embrasé, secouant sa crinière,
Décrit en souverain sa route dans les cieux ;
Et, d'un pas de géant franchissant ses conquêtes,
L'astre brûlant du jour, au-dessus de nos têtes,
    Poursuit son cours radieux.

Du haut de ce rocher qui crête la colline,
Je vois ces flots dorés qu'un léger vent incline,
Et ces coteaux déjà dépouillés à demi,
Et ces troupeaux errants dans les plaines flétries,
Les blonds trésors des champs et l'honneur des prairies
    Tombant sous le fer ennemi.

Quel varié tableau ! quel vivant paysage !
Oh ! quel heureux pinceau, quel sublime langage
Pourraient de tant d'objets retracer la beauté !
Depuis le frais vallon à l'aride montagne,
Quel mouvement partout anime la campagne !
      Quelle bruyante activité !

L'homme des champs à peine un court instant sommeille :
Le jour naissant revoit les travaux de la veille,
Qui se prolongeront jusqu'à l'ombre du soir :
En vain de ses sueurs les plaines arrosées
Voudraient-elles lasser ses forces épuisées ;
      Il est stimulé par l'espoir.

Le pré décoloré voit son herbe mûrie
Tomber en gémissant sous l'aigre faux qui crie,
Que le faucheur courbé promène à tour de bras ;
Partout un peuple actif travaille sans relâche,
L'enfant même avec soin exécute sa tâche ;
      Bientôt s'élève un vaste tas.

Là, l'actif moissonneur promène sa faucille,
Et parmi les sillons, bientôt la gerbe brille ;
Au moindre bruit, cachée au milieu des épis,
La craintive perdrix rappelle sa couvée ;
La famille, à ce cri, s'est soudain retrouvée,
      Tous les perdreaux se sont tapis.

Au milieu de l'orage, ainsi je vois l'Eglise
Signaler les dangers de l'erreur qui divise
Les malheureux enfants de son sein séparés ;
Et, leur montrant le port, rappeler sous ses ailes,
Asile du salut, tous ces esprits rebelles
      Que l'orgueil avait égarés.

Le villageois poursuit sa tâche infatigable :
Le char chargé gémit sous le poids qui l'accable ;
Des trésors des guérets la grange se remplit :
Dans des travaux ingrats il a passé l'année ;
Mais voit-il à la fin sa moisson terminée,
      Alors son désir s'accomplit.

Ainsi, dans cet exil de douleurs et de larmes,
Nous passons tristement des jours remplis d'alarmes,
Et nos vastes désirs sont toujours imparfaits ;
Mais, arrivés enfin au terme de leur voie,
Les justes nageront dans des torrents de joie,
      Au comble de tous leurs souhaits.

Ici, dès que les feux de l'aurore vermeille
Rougissent les coteaux, l'infatigable abeille
Porte au trésor public son précieux butin,
Ou vole dans les champs, de ses ailes rapides,
Cueillir le suc des fleurs encore tout humides
      Des pleurs qu'a versés le matin.

Tantôt, pour établir une autre colonie,
Désertant à longs flots la cité trop fournie,
Dans les airs obscurcis un bourdonnant essaim
Fuit, vole en tournoyant tout autour de sa reine,
Ou pend au vert rameau qui le soutient à peine
      Comme une grappe de raisin.

Là, que vois-je? Au soleil tout un peuple pullule !
Les uns avec ardeur réparent la cellule,
D'autres, péniblement, traînent de lourds fardeaux !
Rien n'étonne mes yeux comme une fourmilière ;
Contre ses ennemis quelle audace guerrière !
    Quelle constance en ses travaux !

Elle aussi, cependant, ne vit pas sans orage !
Cette ardeur belliqueuse et cet ardent courage
Souvent, pour la sauver, ne sont d'aucun secours,
Et plus d'un ennemi conspire sa ruine :
La force et les appâts, l'escalade et la mine
    Sont employés contre ses jours.

Cet insecte allongé qu'une gaze si belle
Porte à travers les airs, brillante demoiselle,
Lourde et grossière avant l'heure de son réveil,
Monstre impur et hideux, végétait sous la terre
Et livrait aux fourmis une pénible guerre
    Avec un zèle sans pareil.

Ainsi l'ange du mal, toujours prêt à nous nuire,
En ses perfides lacs tâche de nous induire,
Et creuse sous nos pas ses puits pernicieux :
Ainsi le juste, encor, du sein de la poussière,
Un jour s'envolera, couronné de lumière,
      Vers l'immortel séjour des cieux !

Mais quoi ! tant de travaux, de fatigues si rudes,
A de plus grands efforts n'étaient que les préludes,
Et l'aire, tout à coup, a fixé mes regards !
L'aire est en ce moment une bruyante arène
Où viennent tour à tour les tributs de la plaine
      Se presser au soleil épars.

Vingt bras nerveux, formant une circonférence,
Tombant et s'élevant, retombant en cadence,
Agitent leurs fléaux, prompts comme les éclairs ;
Sous leurs coups répétés, la paille blanchissante
Couvre de ses débris l'aire retentissante,
      Et vole en flocons dans les airs.

Toi, qui dans les travaux vois s'écouler ta vie,
O juste ! garde-toi de voir d'un œil d'envie
Le bonheur du méchant et sa prospérité :
Il est dans les grandeurs, et toi dans l'esclavage ;
Mais vous aurez tous deux un différent partage,
   Lui le temps, toi l'éternité.

Si Dieu veut quelquefois, dans ses lentes colères,
Punir sur les enfants l'iniquité des pères,
Sa main, qui les conduit aux portes du trépas,
Qui les mène à la tombe et qui les en ramène,
Sait au sang innocent faire expier la peine
   Des crimes qu'épargna son bras.

Ah ! loin de moi, mon Dieu, la froideur de l'impie !
Dans un sommeil de mort son âme est assoupie,
Et le vice a flétri son cœur infortuné !
Comment, pour vos bienfaits, ô sainte Providence !
Sentirait-il encor de la reconnaissance,
   Ce cœur aux remords condamné ?

L'égoïsme est son Dieu, l'intérêt son mobile :
Eh ! comment naîtrait-il dans cette âme si vile
Un noble sentiment, un élan généreux ?
Elle est ingrate ainsi qu'une terre déserte ;
La porte de son cœur ne fut jamais ouverte
   Aux cris perçants des malheureux.

Comment comprendrait-il la voix de la nature ?
Et ce beau ciel d'azur, cette clarté si pure
Que verse par torrents la main du Créateur,
Et ce globe de feu qui roule sans nuage,
Et ce vallon si frais qui lui tend son ombrage
   Font-ils jamais vibrer son cœur ?

Ce tapis de gazon, cette source limpide
Qui, des flancs du rocher, s'échappe si rapide,
Et fuit en murmurant sur un sable doré ;
Et de là, serpentant le long de la colline,
Sur des bords ombragés voit son onde argentine
   Promener son cours égaré ;

Et les rameaux touffus de ces arbres antiques,
Qui prêtent au vallon leurs ombres magnifiques,
Ce dôme impénétrable aux rayons du soleil,
Tous ces présents divins, dans mon âme attendrie,
Font naître un sentiment d'aimable rêverie,
    Doux comme un bienfaisant sommeil.

C'est là, de tous côtés, que, désertant la plaine,
Naguère dépouillés du fardeau de leur laine,
Les troupeaux épuisés du poids de la chaleur,
Sous un chêne touffu viennent chercher par troupe,
Pêle-mêle entassés dans un compacte groupe,
    Un ombrage réparateur.

Impatient d'ardeur, à travers les campagnes,
L'intrépide coursier appelle ses compagnes ;
De son col arrondi les crins sont agités ;
De sa prunelle ardente un vif éclair s'échappe,
Et, de son pied, le sol, rapidement qu'il frappe,
    S'enfuit sous ses bonds répétés.

Le fier taureau, saisi d'une fureur aveugle,
Sous l'attaque d'un taon s'agite ; il court, il beugle,
Lui qui ne fuirait pas à l'aspect d'un lion,
Qui d'un loup furieux braverait la poursuite,
Il suffit, pour le vaincre et pour le mettre en fuite,
    Du dard d'un simple moucheron !

Oh ! heureux l'habitant des plages maritimes !
Outre les grands tableaux de spectacles sublimes,
Il jouit du bienfait d'un air frais, pur et sain
Qui lui vient, de si loin, rafraîchi par les ondes,
Et l'abri des rochers, et leurs grottes profondes ;
    Il a de plus celui du bain.

De ces bords, l'œil s'étend sur de lointaines plages,
Ces hameaux, ces cités, ces bourgs et ces villages,
Ces plaines, ces coteaux dont l'aspect est jauni,
De flots toujours mouvants, cette immense étendue,
Se déroulant sans fin, tant que s'étend la vue,
    Et lui rappelle l'infini !

Là, comme un astre errant à l'horizon polaire,
Sur un désert d'azur, le cygne solitaire
Semble, par mille jeux et par mille détours,
Pliant son cou d'albâtre et son aile argentée,
Se plaire à dessiner, à la vue enchantée,
   Tout le moelleux de ses contours.

Ici, les bras tendus, le christ de la colline,
Sur la terre et les flots, comme un phare domine,
Semblant dire aux passants : « Venez tous dans mes bras! »
Et, quand des malheureux luttent contre l'orage,
Il est là pour leur dire : « Enfants, prenez courage,
   C'est moi qui sauve du trépas. »

Au loin, sous un ciel pur, à l'abri des tourmentes,
Les flots sont parsemés de voiles éclatantes
Qui voguent au hasard, ou rentrent dans le port.
Les uns ont parcouru de longs trajets liquides,
Les autres ont cinglé, nautonniers plus timides,
   Sans jamais s'éloigner du bord.

Quand le soleil du soir, descendant sur la ville,
Reflète ses rayons sur ce cristal mobile
Dont un zéphir à peine agite les flots d'or ;
Que de légers éclairs les étincelles vives
Sillonnent par milliers les ondes fugitives,
      Qu'il fait beau se baigner encor !

Mais, bientôt s'avançant sur son char de ténèbres,
La nuit va dérouler ses longs voiles funèbres,
Et couvrir de leurs plis le front de l'univers :
Tantôt, du sein des flots s'exhale le phosphore,
Tantôt s'enfuit dans l'air un brillant météore ;
      Que de phénomènes divers !

Que j'aime à contempler cette voûte enflammée
D'innombrables flambeaux brillante et parsemée,
Reflétant sur les flots leurs rayons tremblottants !
Que ce calme de nuit, si vague et si paisible,
Entre profondément dans une âme sensible,
      Avec ses aspects imposants !

Non, la grâce des champs n'est pas toute exilée :
Ici, le lis encor brille dans la vallée,
Inclinant son front pur sur le sein du ruisseau,
Tandis que, dépourvu d'une haute colonne,
L'éclatant nénuphar, de sa blanche couronne
  Couvre la surface de l'eau.

Aux champs verdit aussi l'utile parmentière,
Ce mets chéri des grands, ce pain de la chaumière,
Que la terre a nourrie et cachée en ses flancs :
Du trèfle on voit, plus loin, les têtes violettes ;
Du sarrasin les fleurs, à périr trop sujettes,
  Couvrent le sol de rameaux blancs.

Quand le vent du midi, de sa brûlante haleine,
Vient flétrir tout à coup les trésors de la plaine,
Soudain leurs fronts jaunis languissent abattus :
Ainsi du vice impur la plus légère atteinte
Suffit pour étouffer, de sa fatale empreinte,
  La fleur si tendre des vertus.

Mais le jardin aussi renferme de quoi plaire :
L'immense tournesol, ce géant du parterre,
Oppose à l'œil du jour son disque jaunissant ;
De ses demi-fleurons se pare la crépide,
Et de sa rouge croix l'élégante lychnide,
    Le souci de son or luisant.

Là, paraissent encor la douce giroflée,
Le brillant magnolier, l'astère variée,
Les informes cactus, les pompeux dahlias,
Le riche hortensia, l'hybiscus et l'hysope,
Les beaux géraniums, le suave héliotrope,
    - Les splendides camellias.

Ici, rougit dans l'air la cerise vermeille ;
Avec ses grains pressés, là, mûrit la groseille ;
Les fraisiers près du sol cachent leurs jolis cœurs ;
Le doux fruit du prunier au soleil se dégage,
Et l'abricot doré, perçant son vert feuillage,
    Brille des plus vives couleurs.

Après avoir vu fuir sa jeunesse fragile,
Tel l'homme, parvenu dans sa saison virile,
Des plus mâles vertus doit posséder le prix ;
Et ces vertus qu'en lui la grâce fit éclore
Doivent, parmi des fleurs qui promettent encore,
    Montrer des fruits déjà mûris.

L'AUTOMNE.

Du jour et de la nuit faisant la part égale,
Le soleil a conduit son char moins fulminant
A travers les sinus du céleste dédale
      Par un chemin moins culminant.

Arbitre souverain des princes de l'année,
Et vainqueur tour à tour de deux rois détrônés,
Il transmet à l'automme, imparfaite et fanée,
      La couronne de ses aînés.

Mais elle est belle encor cette riche couronne
Qu'ornèrent à l'envi tant de travaux divers,
Et nous devons jouir des biens qu'elle nous donne
      Avec des sentiments bien chers.

Ne fermons pas nos cœurs à la reconnaissance
Lorsque s'offrent partout, à nos regards surpris,
Tant de riches trésors dus à la bienfaisance
        D'un Dieu pour ses enfants chéris.

Ici, des fruits dorés la foule appétissante,
Des arbres affaissés surchargeant les rameaux,
Invite à les cueillir une main obligeante
        Qui veuille alléger leurs fardeaux.

Et là, sur les coteaux, ou pendant à la treille
Luisants et rebondis, de raisins transparents
Tout pleins d'un jus exquis, vois la grappe vermeille
        Parmi les pampres jaunissants !

Elle t'appelle enfin à fouler la vendange,
Et retient à regret, sur tous ses ceps noueux,
Les flots impatients d'un vin pur qui se change
        Pour l'homme en un sang généreux.

Mais honte à celui dont l'iniquité profonde
Ose des dons de Dieu faire une passion,
Et descendre plus bas que l'animal immonde,
    En fait de dégradation.

Plus loin, de gras troupeaux, dans les vertes prairies,
Au gré de leurs désirs, errent en liberté,
Et taillent largement dans les herbes nourries
    D'une abondante humidité.

Partout à leurs besoins s'offre une ample pâture ;
Ici, la brebis tond le gazon du coteau,
Et là, dans le vallon, plus riche en nourriture,
    Se prélasse le gras troupeau.

Qu'ils craignent de toucher cette fleur magnifique,
Sur son stipe nacré de feuilles dépouillé :
C'est la funeste fleur du vénéneux colchique
    Dont le sol est tout émaillé.

Ainsi, sans le rempart d'une vertu modeste,
Trop souvent par l'appât de charmes séducteurs,
L'éclat de la beauté n'est qu'un piége funeste
    Qui cause la perte des cœurs.

C'est le brillant serpent qui s'avance sur l'herbe,
Avec grâce ondulant ses replis tortueux ;
Mais, malgré tout l'éclat de sa robe superbe,
    Il n'en est pas moins dangereux.

Evitons le destin de ces fleurs de l'automne,
Qui n'ont point de parfum ; de ces tristes produits
Que, pour charmer les yeux, un vain luxe environne,
    Mais qui ne donnent point de fruits.

Hélas ! tel est le sort de ces vertus mondaines
Que ne féconde point la séve de la foi :
Manque d'un chaud soleil, ce ne sont que fleurs vaines,
    Inutiles à tout emploi.

Notre vie en son cours passe comme une année ;
La jeunesse sourit à ses rêves brillants,
Semblables à la fleur qui le soir est fanée
  Et que dispersent les autans.

Alors de la vertu se dégage le germe
Qu'il faut soigneusement garder de tout péril,
Et qui prendra bientôt une marche plus ferme
  Au soleil de l'âge viril.

Puis, à son tour, viendra l'automne de la vie ;
C'est le temps de mûrir le fruit de nos vertus ;
L'ardeur des passions est alors affaiblie,
  Et leurs cris ardents se sont tus.

Le calme est au dedans, au dehors la tempête ;
Que de soucis ! Adieu les fleurs et leur parfum !
Vous verrez les cheveux, alors, de votre tête,
  Blanchir et tomber un par un.

Et vos illusions, tour à tour arrachées,
Rempliront votre esprit de crainte et de chagrin,
Comme on voit du rameau les feuilles détachées,
    Tomber et couvrir le chemin.

Aussi, comme en ce temps tout porte à la tristesse !
Et ces champs dépouillés, et ces bois jaunissants,
Et ce ciel nébuleux, et cette brume épaisse,
    Et ces noirs corbeaux croassants !

Jusqu'à ce laboureur, qui confie à la terre,
Ce germe précieux d'où son bonheur dépend,
N'est-ce pas pour vous-même un avis salutaire
    Que le même sort vous attend ?

La tombe est le sillon d'où vous devez renaître ;
L'esclave de la mort, un jour, du froid tombeau,
Tressaillant tout à coup à la voix du grand Maître,
    Doit surgir un homme nouveau.

Cette fête des morts que partout on célèbre,
Et ces cloches d'airain, messagères de deuil,
Ces lugubres décors, ce chant grave et funèbre
    Qui résonne autour d'un cercueil !

Oh ! comme agenouillé sur la tombe d'un père,
D'une mère chérie, ou bien d'un tendre époux,
Chacun trouve en son cœur une ardente prière
    Pour fléchir le divin courroux !

Objet de mes regrets, ô père vénérable !
Et modèle accompli de foi, de loyauté !
Reçois, auprès de Dieu, si bon, si secourable,
    L'hommage de la piété.

Et toi, mère, comment perdrait-il ta mémoire,
Ce fils qui t'entendit, en des jours de douleurs,
Te vit le cœur navré du plus cruel déboire,
    Et les yeux inondés de pleurs !

« Puisse Dieu, disait-elle, à mes souhaits propice,
A tes jours ajouter le reste de mes jours !! »
Et le Ciel accepta son pieux sacrifice
    De sa vie il trancha le cours.

Pour ce fils, abîmé dans sa douleur profonde,
Sur la terre, dès lors, il n'eut plus de lien :
Eh ! que lui fait le lieu qu'il habite en ce monde,
    Privé qu'il est de son soutien !

Il part donc, emportant dans le fond de son âme,
Un souvenir sacré qui n'en doit plus sortir,
Mais y vivra toujours comme un feu dont la flamme
    Ne peut jamais se ralentir.

Tous les jours, à l'autel, ô généreuse mère,
Ce fils implorera pour toi le Dieu d'amour !
Et le tribut pieux de sa tendre prière
    T'ira jusqu'à son dernier jour.

Lorsque dans le sépulcre il lui faudra descendre,
Au Ciel quand il plaira d'en vouloir disposer,
A l'abri de la croix, près de ta froide cendre,
    Puisse-t-il aussi reposer !

L'HIVER.

Déjà l'hiver implacable,
Hâtant sa course indomptable,
Arrive et règne à son tour :
Adieu donc, fleur printanière,
Adieu, féconde lumière,
Adieu, bel éclat du jour !
Le deuil couvre la nature,
L'arbre n'a plus de parure,
L'oiseau plus de chant d'amour !

A l'approche menaçante
De ta fougue sévissante,
Hiver terrible et cruel,
De frimas cristallisée,
Languit infertilisée,
Sous le poids d'un froid mortel,
L'herbette de la prairie ;
Et ta puissante furie
S'étend de la terre au ciel.

Oui, tu retiens le tonnerre
Immobile au haut des airs ;
Du sein des sombres nuages,
Désormais privés d'orages,
Ne sortent plus les éclairs ;
Et la vapeur abaissée,
Entre tes doigts condensée,
Se change en cristaux divers.

Par l'effet de ta puissance,
Tout gémit dans le silence,
Sous l'empire de tes lois ;
Le sein le plus intrépide
Tremble à ton souffle rigide
Comme la feuille des bois ;
Et la nature amortie,
Sous ta main appesantie,
Semble réduite aux abois.

Dans ta contenance fière,
Tu passes, la tête altière;
Ton œil fixe, étincelant,
Comme exilé sous l'orbite
Où ton front blanchi l'abrite,
Lance un regard foudroyant;
La glace retentissante
Et la neige gémissante
Crient sous ton char pesant.

Sous ces entraves de glace
Dont ton haleine l'enlace,
Et rend vains tous ses efforts,
Du ruisseau l'onde captive
Roule mourante et plaintive,
Proscrite au fond de ses bords,
Ses flots, jadis si limpides,
Maintenant durs et solides,
Qui la couvrent de leurs corps.

Là, le chêne centenaire,
Dont la cime séculaire
Sous les vents ne pliait pas,
Voit sa sève emprisonnée,
Dans ses fibres enchaînée
Par la force de ton bras;
Et, dans son tronc, de la vie
Sentant la source tarie,
Craque, et s'ouvre avec fracas.

Là, mille formes grotesques,
Gracieuses, pittoresques,
Se présentent tour à tour;
Là, de longs bâtons de verre
Pendent du toit solitaire
Qu'ils hérissent tout autour;
Et la plaine que protége
Un vaste linceul de neige,
Réfléchit les feux du jour.

Là, comme des monts d'albâtre,
Ou de cristal, ou de plâtre,
D'une éclatante blancheur ;
Là, c'est un autel de marbre ;
Ici, la forme d'un arbre ;
Et, plus loin, brille une fleur
Artistement travaillée,
Et comme avec goût taillée
Par le ciseau du sculpteur.

Ebloui par l'élégance
De cette magnificence,
Qu'il considère à loisir,
Sur ce tableau grandiose,
L'œil s'arrête et se repose
Avec un secret plaisir ;
Mais à sa vue indécise
Par le trouble et le surprise,
Quel aspect vient le saisir ?

Pareille aux feux de Bengale,
C'est l'aurore boréale
Qui brille en vives couleurs,
Et s'élance en jets de flamme
Jusqu'au zénith, qu'elle enflamme
De ses changeantes lueurs :
On dirait que d'Iris même
Elle a pris le diadème
Et les pompeuses splendeurs.

En leurs bottes enchantées,
Nouveaux favoris des fées,
Où vont ces groupes d'enfants
Qui, sur ces chemins de verre,
Semblent dévorer la terre
Dans leur marche de géants ?
Se raidissent, se balancent,
A longs pas glissants s'élancent
Plus prompts que l'aile des vents !

Mus par des forces magiques,
Sur leurs sillons métalliques :
Tels s'élancent les wagons,
Dont l'effrayante vitesse
Le dispute de prestesse
Aux plus fougueux aquilons,
Dont le souffle, avec audace,
Emporte à travers l'espace
Les flancs gonflés des ballons.

Vont-ils, fiers de leurs bravades,
Au gré de leurs chefs malades,
Encore attaquer des cieux
Les demeures alarmées,
Ces nouveaux Titans pygmées ?
Hélas ! si devant leurs yeux
La foudre ne se découvre,
La tombe souvent s'entr'ouvre
Sous leurs pas audacieux.

Ainsi donc, malgré ta rage,
L'homme, l'homme seul t'outrage
Par ses jeux et ses travers,
Et de ton intempérie
Semble braver la furie
Et tous les fléaux divers ;
Il te méconnaît pour maître,
Sauf à te payer peut-être
Ses plaisirs par des revers.

Mais, sous ta loi rigoureuse,
Dans une indigence affreuse,
En proie à la pauvreté,
Que d'infortunés languissent,
Hélas ! et, transis, maudissent
Ta cruelle dureté,
Sans feu, lieu, ni nourriture,
Sous une méchante bure
Où perce leur nudité !

O toi qui vis dans l'aisance,
Songe que la bienfaisance
Est la reine des vertus !
Sensible aux maux de tes frères,
Livrés à tant de misères,
Verse en leurs cœurs abattus
Le baume de l'allégresse,
En soulageant leur détresse
De tes restes superflus.

Use avec miséricorde
De ces biens que ne t'accorde
Un Dieu sage et généreux,
Que pour être sur la terre
Son économe ordinaire
A l'égard des malheureux ;
Jouis avec gratitude,
Digne, par cette habitude,
D'un sort encor plus heureux.

Quelle est grande, la puissance,
Avec la munificence
De ce Dieu si libéral,
Dont la main, comme la cendre,
Sur la terre sait répandre
Les gouttes de son cristal! (*Ps.* 127.)
La neige, comme une laine,
Tombe, à sa voix souveraine,
En tourbillon glacial.

Et vous, froid, glaces muettes,
Souffle bruyant des tempêtes,
Louez votre créateur !
Grêle, frimas et gelée,
Neige, pluie et giboulée,
Bénissez votre Seigneur! (*Daniel, ch.* 3.)
Que, d'une voix solennelle,
A sa grandeur éternelle,
Tout rende un tribut d'honneur!

ÉPILOGUE DES SAISONS.

Ce qu'on croit le bonheur n'en a que l'apparence ;
Le faste des grandeurs, l'éclat de la puissance,
Ne cachent bien souvent que des chagrins cuisants,
Et plus d'un potentat, à ses palais superbes,
A préféré le toit où verdissent les herbes,
     Avec ses plaisirs innocents.

En effet, dans le sein de l'humble solitude,
Tour à tour occupé des plaisirs de l'étude,
Des devoirs du chrétien et de l'humanité,
De ceux du citoyen, de ceux de la famille,
Le sage goûte en paix le bonheur que distille
     L'aimable médiocrité.

Soumis, toujours content, à l'abri des alarmes,
Chaque saison pour lui produit de nouveaux charmes ;
En vain le triste hiver, tout blanchi de frimas,
Au milieu des transports d'une fougue insolente,
Sévit : près du foyer, la flamme pétillante
      Lui fait en braver les dégâts.

Alors aussi, son cœur généreux, sans reproches,
Chéri de ses voisins, adoré de ses proches,
S'attendrit sur le sort de ses frères souffrants ;
Et, rompant avec eux sa modique fortune,
Couvre une nudité trop souvent importune
      Aux regards dédaigneux des grands.

Au retour du printemps, quand toute la nature
Déroule aux yeux charmés son voile de verdure,
Et se revêt partout du plus brillant atour,
Mille chantres, cachés sous le jeune feuillage,
Célèbrent à l'envi, dans leur tendre ramage,
      Le Dieu qui fait naître le jour.

Déjà, tout occupé de ses travaux rustiques,
L'homme unit à leurs voix ses sublimes cantiques,
Et bénit avec eux leur commun Créateur :
Ainsi, de tendre au ciel par lui-même incapable,
Leur concert, au moyen de l'être raisonnable,
  Des cieux s'élève à la hauteur.

A la chute du jour, leurs douces sérénades,
Le raviront encor pendant ses promenades,
Et viendront ajouter à la fraîcheur des soirs
Le secret sentiment d'une joie indicible,
Et l'énergique élan d'un courage invincible
  Mobile de tous ses devoirs.

Perché sur les rameaux qui dominent la rive,
Le brillant alcyon, sentinelle attentive,
Sonde le cours des eaux de son regard perçant ;
De là, prompt comme un trait, il s'abat sur sa proie :
La saisir, l'enlever, l'emporter plein de joie,
  N'est l'affaire que d'un instant.

Tel l'ange de la mort, nous couvant de la vue,
Arrive tout à coup dans sa marche imprévue,
Et de nos jours comptés vient terminer le cours ;
Celui-ci disparaît à son printemps encore,
Celui-là, plus heureux, moissonné dès l'aurore,
    Un autre enfin meurt plein de jours.

Bientôt, avec l'été, les moissons colorées,
Inondant les guérets de leurs vagues dorées,
Au souffle caressant des volages zéphirs,
Excitent les transports de ma reconnaissance
A l'égard des bienfaits de cette Providence,
    Attentive à tous nos besoins.

Mais un doux souvenir me ramène au rivage
Où l'on voit s'élever, exposés à l'orage,
Les blancs murs de Kersaint et son toit tacheté,
Asile révéré par la reconnaissance,
Qu'habite la bonté, l'aimable bienfaisance,
    Et la franche hospitalité.

C'est là que, tous les ans, ma santé languissante,
Va puiser dans le sein d'une onde bienfaisante,
Avec un doux repos, un calme à ses douleurs ;
Mon esprit en devient plus libre et plus alerte,
Mon corps, agile et frais, enfin n'est plus inerte
   Sous le rude poids des chaleurs.

Là-bas s'ouvre le port : sur la pointe isolée,
Se présente Cesson et sa tour mutilée,
Qui, rebelle aux efforts du temps et du marteau,
Menace, encor debout, et fièrement domine,
A travers ses débris, le dos de la colline,
   Comme un géant sur un tombeau.

Au-dessous c'est la mer ; puis une immense arène :
C'est là que, dans son cours, chaque an juillet ramène
Un spectacle fameux, célèbre en ce canton :
Un peuple couvre au loin la grève spacieuse.
Qui donc rassemble ainsi la foule curieuse ?
   Ce sont les courses de Cesson.

Je vois, de tous côtés, arriver à la file,
Les chars et les coursiers des hameaux, de la ville ;
La côte et les rochers d'amateurs sont chargés.
L'heure a sonné ; bientôt la lice se dégage,
Et les ardents coureurs, par rang de sexe et d'âge,
      Sur une ligne sont rangés.

Le signal est donné : soudain chacun détale.
Vingt coursiers généreux, pleins d'une ardeur égale,
Non moins que leurs jockeys sensibles à l'affront,
En se précipitant, dans leur course légère,
Sous leurs rapides bonds semblent raser la terre,
      Volent et s'élancent de front.

Un lointain nébuleux bientôt les enveloppe ;
L'œil, pour les distinguer, s'aide d'un télescope ;
Chacun des spectateurs semble attendre en suspens ;
On s'échauffe, on parie ; armé de sa pendule,
L'observateur, plus froid, en silence calcule
      Le moindre intervalle de temps.

Les uns ont dévié ; dans leur fougue rapide,
Ils n'obéissent plus à la main qui les guide :
Un autre, hors d'haleine, arrête palpitant :
Ceux-ci volent, tantôt devant, tantôt derrière,
Lorsque le plus heureux, au bout de la carrière,
  Enfin arrive triomphant.

Cependant le regard, tour à tour se promène
Sur cette mer d'azur, sur cette vaste arène ;
Là, voguent les vaisseaux ; ici, volent les chars :
Ces coteaux entassés forment l'amphithéâtre ;
Là, des monts nuancés d'une teinte grisâtre,
  Des bois et des rochers épars.

Non, les Grecs assemblés aux rives olympiques,
N'admirèrent jamais scènes plus magnifiques
Que ce vaste tableau, si vif et si charmant,
D'un lointain varié qui s'étend sans mesure,
De coteaux et de flots, d'azur et de verdure,
  De repos et de mouvement.

Mais le bruyant tambour et la rauque cimbale
Annoncent, à la fin, la pompe triomphale
Qu'aux vainqueurs on prépare aux murs de St-Brieux ;
Déjà, pour couronner leurs succès éphémères,
Un stérile bouquet, quelques plumes légères
      Ceignent leurs fronts victorieux.

Sur nos champs désolés, quand le funèbre automne,
Ramène avec les vents son règne monotone,
Voit-il de l'Aquilon les violents assauts
Balancer des hauts pins les cimes gémissantes,
Et courber avec bruit les couronnes tremblantes
      Des vieux et superbes ormeaux ?

Ou, contre ses rochers, la Manche courroucée,
Soulever de ses flots la fureur insensée
Qui court, se brise au loin et jaillit en éclats !
Voit-il un faible esquif, surpris par la tourmente,
Lutter contre les coups de la vague écumante,
      Afin d'éviter le trépas ?

Le sage, lui, se dit : une sublime tête,
Toujours est exposée aux coups de la tempête ;
Elle voit tout d'un œil inquiet et craintif ;
Et du plus grand mortel la force impérieuse,
Sur les flots courroucés de la vie orageuse,
   N'est qu'un frêle et léger esquif.

Peu jaloux des trésors d'une plage lointaine,
S'il ne va point, au gré d'une planche incertaine
De la mer et des vents affronter les dangers,
Pour noircir de ses fonds les pages d'un registre
Cependant son cœur souffre au souvenir sinistre
   Des maux qui lui sont étrangers.

Ah ! quand pourrai-je encore, aimable solitude,
Libre de mes travaux et de sollicitude,
Contempler à loisir ces tableaux ravissants,
Que dessina de Dieu la main toute-puissante,
Et goûter, dans le sein d'une paix innocente,
   Le charme de mes premiers ans !

SOUFFRANCE ET PATIENCE.

Pourquoi le fier guerrier, dans le sein du carnage,
Se plait-il à braver les horreurs du trépas,
Tout prêt à s'élancer au milieu des soldats
Qui sèment devant lui la mort et le ravage?
Ah! c'est qu'il veut gagner l'insigne du courage,
   Et que pour l'acquérir
  Il est doux de souffrir.

Le dédain, sur les traits de sa mâle figure,
Se peint au sentiment des coups qu'il a reçus ;
Pour lui, l'unique mal, c'est le sort des vaincus :
Et, le combat fini, déposant son armure,
Il dit, en repassant la main sur sa blessure :
   « J'en ai tant vu périr,
  Ce n'est rien de souffrir. »

Et toi, qui dois attendre une palme plus belle,
Toi, délicat soldat d'un Dieu mort sur la croix,
Toi qu'il a fait enfin l'héritier de ses droits !
A marcher sur ses pas, quand lui-même il t'appelle,
Pour mériter l'éclat d'une gloire immortelle
        Qu'il est venu t'offrir,
        Tu craindrais de souffrir ?

Quand ce divin Sauveur nous répète à toute heure :
« Je laisse à mes amis ma croix et mes douleurs :
Les mondains jouiront, vous serez dans les pleurs ;
Heureux celui qui souffre, heureux celui qui pleure,
Car c'est à ceux-là seuls qu'appartient ma demeure, »
        Comment ne pas chérir
        Le bonheur de souffrir ?

Ce n'est pas sans sujet que sa voix le répète.
Exact observateur de tout ce qu'il prescrit,
Il a fait le premier tout ce qu'il nous a dit.
Les oiseaux ont leurs nids, les renards leur retraite ;
Mais l'homme-Dieu n'a pas où reposer sa tête,
        Ni de quoi se nourrir,
        Pour t'apprendre à souffrir.

Dans ses derniers moments quelle douleur amère !
Trafiquant de son sang, un ami le vendit ;
Un peuple furieux l'insulte et le maudit ;
Abandonné de tout, il meurt sur le Calvaire,
Et ses derniers regards ne virent que sa mère
   Sur son sort s'attendrir
   En le voyant souffrir.

Oui, oui, quand sur la terre un Dieu daigna descendre,
Et quitta les splendeurs de la divinité
Pour écraser l'orgueil par son humilité !
Et, de ce corps mortel qu'il a bien voulu prendre,
Quand je vois tout son sang à grands flots se répandre
   Pour me reconquérir,
   Il m'est doux de souffrir.

J'entends de Jésus-Christ la plus fidèle amante,
Thérèse, soupirer, et, couverte de pleurs,
Implorer la souffrance au sein de ces douceurs
Que ne peut supporter l'amour qui la tourmente,
S'écrier, dans l'élan de son âme brûlante :
   « Dieu ! laissez-moi mourir,
   Ou faites-moi souffrir ! »

Tout chargé de ses fers j'entends Paul qui s'écrie :
« Ah ! c'est dans les tourments, les travaux, les périls,
Dans cet objet d'horreur aux superbes Gentils,
La croix de mon Sauveur, que je me glorifie ! »
Quand on souffre pour vous, divin fils de Marie,
   Qui vous laissez flétrir !
   Il est doux de souffrir.

Ici, c'est un Xavier, plein d'une sainte ivresse,
Qui s'écrie, au milieu des transports les plus beaux :
« Encor plus de tourments ! encor plus de travaux !
Assez, Seigneur, assez ! Ah ! c'est trop d'allégresse !
Mon âme n'en peut plus ! Sous le poids qui l'oppresse,
   Je sens mon cœur s'ouvrir !
   Qu'il est doux de souffrir ! »

Vous l'aviez bien compris, intrépides milices,
Généreux conquérants du royaume du Christ,
Vous qui, de cœur et d'âme, et de tout votre esprit,
Marchiez avec ardeur vers les plus grands supplices,
Vous qui fîtes toujours vos plus chères délices
   De vaincre et de mourir
   A force de souffrir !

Puissé-je, à leur exemple, aux souffrances en proie,
Contemplant de mon Dieu l'amour et les grandeurs,
Dans son sein paternel oublier les douleurs
Qu'afin de m'épurer sa tendresse m'envoie,
Au fort de mes tourments, redire, plein de joie :
　　　« C'est trop peu de souffrir,
　　　Il m'est doux de mourir ! »

SUR L'EXPULSION DES TRAPPISTES DE LA MEILLERAYE

DÉCEMBRE 1831.

Pourquoi cette rage inouïe,
Et cette ignoble tyrannie?
Quel démon trouble les États?
Contre la Liberté mourante
Je vois triompher l'épouvante,
Les sacriléges attentats!

J'ai vu le sanglier féroce
Dévorer le bourgeon précoce
Qu'offrait la vigne du Seigneur,
Et ravager le champ fertile
Où régnaient, dans un saint asile,
La pénitence et la ferveur.

Là, fécondant un sol aride,
Une nouvelle Thébaïde
Fut des vertus l'heureux séjour,
Où de vrais anges de la terre,
Pour la France, grande et prospère,
Priaient Dieu la nuit et le jour.

Quand la prière ainsi s'exhale,
De Satan la rage infernale
Arme contre eux ses traits cruels ;
Sous un prétexte vain, frivole,
Soudain une impiété folle
Vient les arracher aux autels.

Même, un instant, l'affreux délire
(O des vertus sublime empire !)
Chancelle, hésite : Je le vois
Saisi d'un trouble involontaire
Devant un faible solitaire
Décoré d'une croix de bois.

Bientôt, honteux de sa faiblesse,
Il reprend toute sa rudesse
Et franchit d'un pied impudent
Le refuge de la misère,
Et l'asile de la prière,
Et l'hospice de l'indigent.

C'était, comme on voit sur la plage,
Un port ouvert contre l'orage
Pour recevoir le voyageur,
Et voilà qu'une main coupable
Dans un délire déplorable
Détruit l'asile protecteur.

J'ai vu de pauvres cénobites,
Victimes de fureurs maudites,
Et jouets d'un brutal courroux,
Le deuil empreint sur leurs fronts graves,
Traînés comme un troupeau d'esclaves,
Chassés, honnis, meurtris de coups.

C'en est fait : vieillard vénérable,
De ta famille inséparable
Tu vois disperser les enfants !
Ah ! l'univers entier partage
Le vil et trop sensible outrage
Que l'on fait à tes cheveux blancs !

Escortés de sbires terribles,
Ils ont quitté ces lieux paisibles,
Fertilisés par leurs sueurs :
Et cependant douces victimes,
Du souvenir de tant de crimes
Le pardon seul reste en leurs cœurs.

Et, sous le poids de la tristesse
Où les a plongés la rudesse
De cet attentat odieux,
Quittant leur retraite chérie,
A leur adoptive patrie
Ils ont dit les derniers adieux.

Dans leur petitesse niaise,
Que vos ennemis à leur aise
S'applaudissent de leurs exploits !
Acharnés à vous poursuivre,
Ils ne permettent plus de vivre
Sous la protection des lois.

Au mépris des lois les plus saintes,
Proscrits de ces chastes enceintes
Où vous rêviez l'éternité,
Quand votre innocence succombe,
Nous avons vu sceller la tombe
Où doit dormir la Liberté.

Rassurez vos âmes émues,
Sur vous le Seigneur a ses vues ;
Courage, ô pieux confesseurs !
Souvent, dans cette sombre voie,
Le deuil est voisin de la joie,
Et l'épine est tout près des fleurs.

A l'adorable Providence,
Obéissant dans le silence,
Allez aux enfants d'Albion,
Avec le pardon des injures
Faire aimer les vertus si pures
Qu'enfante la religion.

Adieu donc : que ce frêle asile
Où, seule, une planche fragile
Vous défend du courroux des eaux,
Dans la fureur du flot liquide
Trouve un ennemi moins perfide
Que l'astuce de vos bourreaux.

Votre mémoire révérée
Et votre infortune sacrée
Survivront dans nos souvenirs :
Lorsque je pense à tant de charmes,
Mes yeux se remplissent de larmes,
Je sens mon cœur gros de soupirs.

Vous qui viviez dans le silence,
Saints martyrs de la pénitence,
Vous que mes yeux ne verront plus !
Au sein d'une épreuve si grande,
Du moins recevez cette offrande,
Hélas ! de regrets superflus.

La plage qui se décolore
A leurs regards s'offrait encore ;
Mais, seul, avec un ton amer,
Trois fois l'impiété sauvage,
Sur le silencieux rivage,
Fit retentir sa voix de fer.

CONSEILS AUX OUVRIERS.

Ayant fait l'homme enfin, chef-d'œuvre de ses mains,
Digne couronnement de ses travaux divins;
Mais l'homme juste encor, qu'aucun besoin n'assaille,
Dieu le mit dans Eden en lui disant : « Travaille,
Cultive ce jardin, sois fidèle à ton Dieu,
Tu jouiras en paix des douceurs de ce lieu. »
Et la loi du travail, sagement disposée,
Loi providentielle, à l'homme est imposée ;
Conforme à sa nature, utile à ses besoins ;
Le bonheur de ses jours dépendra de ses soins.

A cette loi pourtant des bornes sont fixées ;
Il doit nourrir son cœur de plus hautes pensées,
Et l'homme n'est pas fait, ainsi qu'un vil bétail,
Pour être, sans repos, courbé sur le travail.
Étonnant composé d'une double nature,
Il lui faut pour son âme une autre nourriture,
D'après cette leçon de l'oracle divin,
Que l'*homme ne vit pas seulement que de pain.*
Il a d'autres besoins que ceux de la matière.
Concitoyen du ciel, exilé sur la terre,
L'homme, être intelligent, doit à son créateur
Le tribut de ses vœux, l'hommage de son cœur.

Sur ses enseignements réglez votre conduite,
A l'approche du mal soudain prenez la fuite.
Fuyez le cabaret comme un endroit fatal
Où l'on trouve souvent la clé de l'hôpital.
Évitez des habits le luxe et la mollesse :
Le luxe est un abime où gémit la détresse,
Et rien ne peut suffire à ce gouffre béant
Qui demande toujours, et dévore l'argent.
Fuyez les mauvais lieux et les jeux de hasard ;
Pour vos vieux jours, plutôt, réservez une part
Et mettez de côté pour les temps difficiles ;

Vos épargnes alors vous seront bien utiles,
Et pourront vous soustraire à la mendicité,
Fruit de l'imprévoyance ou de l'oisiveté.

Respectez le dimanche, observez chaque fête,
Devant la loi de Dieu que tout travail s'arrête :
L'esprit comme le corps, épuisés de travaux
Pour réparer leur force ont besoin de repos.

Soyez de vos enfants l'exemple et les modèles,
C'est le plus sûr moyen de les rendre fidèles.
Qu'ils pratiquent la foi : car s'ils sont bons chrétiens,
Ils seront, par là même aussi, bons citoyens.
Rappelez-leur qu'enfant lui-même, le Messie
Apprit à manier le rabot et la scie :
Qu'à Marie et Joseph attentif et soumis
Il se montra toujours docile à leurs avis,
Et qu'il passa trente ans dans une vie obscure,
Lui, Dieu de l'univers, l'auteur de la nature !
A l'ambition donc qu'ils n'ouvrent pas leur cœur ;
C'est dans l'obscurité qu'on trouve le bonheur.

Que contents de l'état où Dieu les a fait naître,
Fervents à le servir, l'aimer et le connaître,
Ils cherchent en lui seul le remède à leurs maux,
Et les fruits consolants de leurs rudes travaux.
Préservez-les surtout des atteintes du vice ;
Si dans leurs jeunes cœurs vous voyez qu'il se glisse,
Dès le commencement opposez-vous au mal ;
Ne vous endormez pas dans un repos fatal :
Tout effort contre lui devient inefficace
Si, par un long travail, il a miné la place.

Honorez vos parents, soutenez leurs vieux jours,
S'il arrive qu'ils aient besoin de vos secours ;
Par vos soins empressés soulagez leurs souffrances
Sans marquer de dégoût, ni craindre les dépenses.
Faites-leur, à leur tour, ce qu'ils ont fait pour vous.
Conduisez-vous toujours en dévoués époux,
Car vous ne formez plus qu'une chair avec celle
Que le Ciel vous donna pour compagne fidèle.

Montrez-vous bienveillant à l'égard du prochain
Ayant un cœur pour lui, bon, charitable, humain,
Donnez-lui votre appui, s'il devient nécessaire,
Et, loin d'être jaloux d'un voisin qui prospère,
Ensemble, s'il le faut, unissez vos efforts :
Amis, soyez unis, unis vous serez forts.

En cela vous suivrez le conseil de l'Apôtre,
De porter entre vous le fardeau l'un de l'autre.
Ainsi porté, le poids en devient plus léger,
Et l'on a le plaisir de s'entresoulager.
Le monde ainsi n'est plus qu'une grande famille ;
Tandis qu'un intérêt égoïste éparpille
Des forces qui seraient utiles à chacun,
En les faisant tourner à l'intérêt commun,
Mais sans jamais blesser les droits de la justice,
On aurait moins du sort à craindre le caprice.
Ce qu'on voudrait pour soi le faisant pour autrui,
Le faible dans le fort trouverait un appui,
Et, fidèle à la voix de la reconnaissance,
Lui, saurait à son tour payer de bienfaisance.

Au cœur de l'ouvrier les généreux instincts,
S'ils sommeillent parfois ne sont jamais éteints.
Des plus hautes vertus il reconnaît l'empire,
A moins que quelque traître aux excès ne l'attire.
Fuyez donc les discours de ces fourbes flatteurs
Qui font tant les zélés ; ce sont des imposteurs
Qui se servent de vous pour *faire leur affaire*,
Et vous laissent ensuite aux bras de la misère,
Les mains vides, le cœur bourrelé de remords :
Voilà l'unique but où tendent leurs efforts.

Y sont-ils parvenus à l'aide de vos votes,
Soudain changeant d'allure, ils deviennent despotes.

Loin de vous compromettre avec ces faux amis,
Soyez à vos devoirs fidèles et soumis
En suivant en tous points la loi de l'Évangile
Avec un esprit droit, avec un cœur docile.
Sachez que vous avez un juge dans les cieux,
Qui tient fixés sur vous incessamment les yeux,
Qui sonde jusqu'au fond de vos moindres pensées
Et tient un compte exact de vos œuvres passées.
Rien ne peut échapper à son regard subtil ;
Il conduit à la perte, il sauve du péril,
Sachant rendre à chacun selon qu'il le mérite ;
Punissant les pervers et leur race maudite,
Et couronnant les bons d'un bonheur éternel,
En en faisant des rois au royaume du ciel.

CHATEAUBRIAND.

Châteaubriand ! gloire à ton nom magique !
O noble fils de la vieille Armorique,
Des anciens preux ô digne rejeton !
Homme d'État, orateur et poëte,
Un triple éclat environne ta tête,
Un trible honneur a consacré ton nom !

De loyauté, d'honneur parfait modèle,
Pour ton pays, consumé d'un saint zèle,
Au sein des Cours, dans les conseils des rois.
Tu sus garder ta fière indépendance :
Ton conseiller, c'était ta conscience,
Dont tu suivais fidèlement la voix.

Toujours fidèle à ta noble carrière,
Astre brillant! des flots de ta lumière
Tu ne cessas d'inonder l'univers !
Ton ciel, pourtant, ne fut pas sans nuage,
Autour de toi gronda plus d'un orage ;
Toujours plus grand tu sortis des revers !

Tu grandissais au sein de la tourmente :
Coulant à flots de ta bouche éloquente,
Un nouveau charme enivrait tes discours ;
Sans le flatter, ni chercher à lui plaire,
Tu fus porté par le flot populaire,
Sans dévier, tu poursuivais ton cours !

Tel au-dessus de la vague agitée,
Se balançant sur son aile argentée,
Le cygne épand son chant harmonieux,
Qui va mourir à la plage lointaine,
Parmi les vents, comme une plainte vaine,
Sans réveiller l'écho silencieux.

Pour préparer tes hautes destinées,
Par le malheur, dès tes jeunes années,
Tu fus marqué de son sceau solennel,
Contre lequel un faible cœur s'irrite,
Mais qui concentre en une âme d'élite
Un feu sacré qui rend l'homme immortel.

Comme autrefois la nation chérie,
Tu soupirais les chants de ta patrie.
Aux bords lointains d'un fleuve américain :
Tu parcourus les immenses savanes,
Et le désert, frayé des caravanes,
Où tristement serpente le Jourdain.

L'immensité plaisait à ton audace :
Pour être à l'aise il te fallait l'espace ;
Ton âme, alors, sur ses ailes de feu,
Te soulevant comme un aigle intrépide,
Loin d'ici-bas, dans son essor rapide,
Te transportait jusqu'au trône de Dieu.

Là, s'imprimaient dans ton âme pieuse,
Les sentiments de foi religieuse
Dont sont empreints tes aimables écrits
Où ton génie, en si pompeux langage,
Au culte saint que vengeait ton hommage,
Sut ramener tant d'aveugles esprits.

Là, tu puisas ce charme inimitable,
Comme un reflet de cette grâce aimable
Qui distingua l'apôtre bien-aimé,
Ce tendre amour qu'en son âme fit naître
Son long baiser au sein du divin maître,
Et dont son cœur fut toujours consumé.

L'expression, sous ta plume ingénue,
Prenait un air de noblesse inconnue;
Le plus vil plomb se changeait en or pur :
Tel d'une main qu'on dirait téméraire,
Sous le ciseau, l'habile statuaire
Semble animer le marbre le plus dur.

De tes vertus tel était le prestige
Qu'il imposa, par un rare prodige,
Au vil troupeau des lâches détracteurs :
Environné d'une estime profonde,
Ton nom porté jusqu'aux confins du monde
N'y rencontra que des admirateurs.

Du nom breton si tu soutins la gloire,
Digne de toi fut aussi ta mémoire :
Alors, hélas ! pour honorer ton deuil,
De vingt canons, quand les bouches tonnèrent,
Vingt mille fronts à la fois s'inclinèrent,
D'un saint adieu saluant ton cercueil !

Sur ce rocher où la vague écumante
Vient te jeter sa menace impuissante.
Dors en paix, dors ton funèbre sommeil,
En attendant que la trompe dernière,
Des froids tombeaux ranimant la poussière,
Rende ta cendre à l'éternel réveil.

MORT DE M. AFFRE

ARCHEVÊQUE DE PARIS.

Jusqu'à quand dureront ces discordes terribles
Que l'enfer aux mortels ne cesse de souffler ?
Quand verrons-nous la fin de ces luttes horribles
Où le sang comme l'eau ne cesse de couler ?
Quoi ! des cœurs généreux, des âmes énergiques
   Que Dieu fit pour s'aimer,
    En vengeances tragiques,
En monstrueux excès osent se consumer !

Voulez-vous donc enfin, par ces tristes batailles,
D'une riche cité faire un affreux désert?
Mieux vaudrait d'un volcan les brûlantes entrailles
Éclater tout à coup du cratère entr'ouvert;
Et, retombant à flots, sa lave incandescente,
   En torrent destructeur
   S'élancer bouillonnante,
Au lit improvisé que creuse sa fureur.

Au destin des combats, l'ardente populace
Avait, encore un coup, apporté son enjeu :
Déjà, depuis trois jours, avec sa fière audace,
Paris se débattait dans un cercle de feu :
Et de plus d'un héros dont la vaillante épée
   Cueillit tant de lauriers,
   La poitrine est frappée
Par le plomb criminel d'aveugles émeutiers.

Avec un noble élan, la France frémissante,
Qu'indignent des forfaits dont elle ne veut plus,
Accourt prendre son rang dans l'arène sanglante,
Pour défendre ses lois et sauver ses élus;
Le combat se prolonge; ici, calme, héroïque,
   Fécond en dévouement;
  Là, sombre, frénétique,
Et d'atroces forfaits souillé barbarement.

Lui qui fut si longtemps l'ornement de la terre,
Va-t-il donc, cette fois, le superbe Paris!
Par cet acharnement d'une exécrable guerre,
S'ensevelir lui-même en ses sanglants débris?
Et va-t-il voir crouler, nouvelle Babylone,
   De son trône envahi
  La puissance félone,
Sous le souffle vengeur du Dieu qu'il a trahi?

O Reine des cités ! non , tu n'es pas maudite !
Éteinte dans le sang de ton pieux martyr,
La foudre du Très-Haut que ta malice irrite ,
Déjà prête à tomber sur toi, va s'amortir :
Car tu sus obtenir de la bonté suprême
   Un pardon généreux
   En pleurant sur toi-même
Et sur l'égarement de tes fils malheureux.

Telle autrefois déjà Ninive condamnée
Au châtiment fatal qu'elle avait provoqué ,
Aux regrets déchirants, aux pleurs abandonnée ,
Eut le bonheur de voir son arrêt révoqué :
Car jamais l'Éternel, dans sa bonté divine ,
   Du pauvre genre humain
   Ne voulut la ruine ;
Et , tout prêt à frapper, il tend encor la main.

Ainsi son cœur renferme un trésor de clémence :
L'orgueil qui se révolte, il aime à le briser ;
Mais il entend la voix de la douce innocence,
Quand des justes encor sont là pour l'apaiser :
Tel est le saint pasteur que sa miséricorde,
En ces temps périlleux,
Heureusement t'accorde,
Pour parer de son bras les foudres désastreux.

Profondément ému de cette ardeur cruelle,
Le cœur du bon pasteur lui dicte son devoir ;
Et, malgré les avis qu'on oppose à son zèle,
Il veut de ses vertus essayer le pouvoir.
Comme un autre Belzunce, ou comme un Borrhomée,
Il va braver les traits
De cette foule armée,
Se faisant précéder du rameau de la paix.

Alors, aux yeux du ciel, comme aux yeux de la terre,
Qu'il fut grand ! qu'il fut beau ! ce moment solennel
Où, détournant sur lui la céleste colère,
Il se hâtait d'offrir tout son sang paternel !
En le voyant passer d'une marche si sûre
    Et pleine de grandeur,
    Emu, chacun murmure :
« Oh ! sous cette croix d'or, il bat un noble cœur ! »

Du rayon des martyrs son visage s'éclaire,
Il en porte en son cœur l'ardente charité !
Comme autrefois Jésus marchant vers le Calvaire,
Portant de l'univers l'immense iniquité,
Pour l'arracher des feux de l'éternel abîme,
    Ainsi qu'un tendre agneau,
    Volontaire victime,
Il s'offre en sacrifice et meurt pour le troupe

Il a franchi déjà ces barrières fatales,
Formidables remparts qu'éleva la fureur,
D'où pleut, à chaque instant, une grêle de balles ;
Rien ne peut ralentir sa généreuse ardeur :
Il court en s'écriant d'une voix attendrie :
   « Mes amis ! mes amis !
   Je vous donne ma vie,
Je suis le bon pasteur qui meurt pour ses brebis ! »

Et le Ciel accepta son noble sacrifice !
Voilà qu'il tombe atteint par un plomb assassin,
Et la France, qu'indigne une telle injustice,
Compte un nouveau martyr, comme un nouveau Caïn.
S'il a fléchi le Ciel, ah ! puisse aussi de même
   Encore être exaucé
   Cet autre vœu suprême :
« O mon Dieu ! que mon sang soit le dernier versé ! »

Tout change ; sur sa route où son convoi chemine,
Une sainte frayeur remplace le courroux ;
Chaque front découvert pieusement s'incline,
L'on veut toucher sa main, la baiser à genoux,
Et tous de s'écrier : « Quel malheur déplorable ! »
   Ou bien : « C'est de la foi
    Le triomphe admirable ! »
Et ce désastre a mis tout un peuple en émoi.

O peuple ! si tu veux réjouir sa grande âme,
Si tu veux faire en toi revivre son esprit,
Fais qu'à sa charité la tienne aussi s'enflamme !
Et toi, jeune héros ! à qui lui-même offrit
Ce christ qu'il te donna comme un suprême gage,
   Garde-le sur ton cœur,
    C'est plus qu'un héritage !
Ce christ, il te l'a dit, te portera bonheur.

A nous donc de marcher sur ses traces insignes !
Et, dissipant le deuil de nos fronts abattus,
D'un pareil dévoûment sachons nous montrer dignes
En nous pénétrant tous de ses hautes vertus.
Toi, tu comptes de plus un défenseur fidèle,
    O ville de Paris !
    De la voûte éternelle,
Sur tes chers chers habitants, veille un second Denis.

SOUVENIRS DE LA PATRIE.

Comme la feuille desséchée
Qui, du rameau vivifiant
Par la tempête détachée,
Roule, incertaine, au gré du vent;
Loin d'une famille chérie,
Errant sous un ciel étranger,
Quand on est loin de sa patrie,
Oh! que son souvenir est cher!

Combien de fois, par la pensée
Je me reporte au temps heureux
Où s'écoula l'heure passée,
Auprès d'un frère aux blonds cheveux !
Où, si souvent, triste et timide,
Je sentis dilater mon cœur
Sous le regard doux et limpide
De mon aimable et tendre sœur !

Non, non, ni le temps, ni l'espace,
Ligués contre la voix du sang,
Ne pourront effacer la trace
D'un amour si pur et si grand !
Il est gravé par la nature
Au fond même du cœur humain ;
L'insouciance la plus dure
Contre lui lutterait en vain.

Le soir, si la brise m'arrive,
Mêlée au bruit confus des flots
Soudain, d'une mère plaintive
Je crois entendre les sanglots ;
Et je récite la prière
Que d'elle j'appris tout enfant ;
Peut-être, à son heure dernière,
Elle bénit son fils absent.

Il est un monstre sur la terre,
Le fils qui, formé dans ses flancs,
Oserait oublier sa mère,
Ou son vieux père aux cheveux blancs !
Il est maudit, le cœur barbare
Qui d'un tel crime s'est couvert ;
C'est au serpent qu'on le compare,
C'est à l'hyène du désert.

Salut encore, ô ma patrie !
De ma naissance aimable lieu,
Où si douce coula ma vie,
Près d'un père, sous l'œil de Dieu !
Plein d'une émotion profonde
Combien de fois j'ai repété :
« Le pays le plus beau du monde
C'est le pays où l'on est né. »

A MES AMIS.

Je ne suis qu'un pauvre rêveur,
Sans souci des choses du monde,
Et qui vit seul avec son cœur
Dans la solitude profonde.

Je n'ai point la haute vertu
Que trop souvent l'envie assiége ;
Mais toujours, battant ou battu,
Mon obscurité me protége.

Souvent l'impétueux torrent
A vu se tarir sa furie,
Que coule encore, en murmurant,
L'humble ruisseau de la prairie.

Ce n'est qu'au vaisseau de haut-bord
A braver la mer agitée;
Mais la nacelle, près du bord,
Peut aussi voguer abritée.

Ainsi, d'une riche maison,
Mon luxe n'a point l'étalage;
C'est un tapis de frais gazon,
C'est un berceau de vert feuillage.

Mais, hélas! quand l'hiver cruel
Arrive sur son char de glace;
Ouvert aux quatre vents du ciel,
Un piètre taudis les remplace.

Tel est notre sort ici-bas
Qu'au bien toujours le mal s'enchaîne.
Avant les palmes, les combats;
Après le plaisir vient la peine!

Prier, faire le bien sans bruit,
Sans espoir de reconnaissance ;
N'attendre que de Dieu le fruit
De l'emploi de la bienfaisance :

Porter au ciel tous ses désirs,
Et passer à travers la vie
En dédaignant tous ses plaisirs,
Oh ! la belle philosophie !

Compatir à tous les besoins,
Aimer et consoler, instruire,
Aux hommes prodiguer ses soins,
Au port éternel les conduire ;

Et, l'instrument de leur rançon,
Du ciel au repentir sincère
Faire descendre le pardon,
Oh ! le sublime ministère !

Amis, quand du pauvre rêveur
Aura sonné l'heure dernière,
Qu'il vive encore en votre cœur,
Et donnez-lui quelque prière.

A LA BRETAGNE.

Je te salue, ô ma noble Bretagne !
Je la revois, ton austère campagne,
Et tes bois verts et tes champs dépouillés,
Qui sont encor de fleurs d'or émaillés!
Tes frais vallons où le ruisseau murmure,
Court et répand une riche verdure !

Là, le Méné grisâtre, s'allongeant
Comme le corps d'un immense géant,
Sous son manteau bigarré de fougères,
Et d'ajoncs nains et de pourpres bruyères,
Semble, depuis des siècles, au soleil,
Vouloir dormir d'un éternel sommeil.

Et puis, là-bas, tout à coup à ma vue,
Ainsi qu'un mont qui se perd dans la nue,
S'étend la mer avec ses flots d'azur
Où se reflète un ciel limpide et pur :
A peine un souffle effleure sa surface
Qu'on voit partout lisse comme une glace.

Oh! que c'est beau! quand le soleil couchant
L'inonde au loin des feux du diamant!
Qu'en mille éclairs le flot miroite et brille,
Et, comme un astre, à vos regards scintille!
En contemplant ce spectacle nouveau,
L'homme ravi s'écrie: Oh! que c'est beau!

O ma Bretagne, ainsi dès mon enfance
J'en pus goûter la douce jouissance :
A chaque pas, et toujours, en tout lieu,
Tu m'étalais les merveilles de Dieu!
Tout m'annonçait sa gloire magnifique,
Et je chantai là mon premier cantique.

Assis rêveur sur quelques vieux menhirs,
Je repassais tes anciens souvenirs,
Là, de tes preux j'évoquais la mémoire;
Et, de leur fils, ici, la jeune gloire
Me reportait à leur antique honneur,
Et je sentais, ému, battre mon cœur.

Ici, disais-je, il ne fut point d'esclaves ;
Ton sol toujours fut la terre des braves.
Des vieux Bretons, digne postérité,
Types d'honneur et de fidélité,
Leurs descendants, dans leur rude carrière,
N'ont jamais su demeurer en arrière.

Tes fiers enfants, en de lointains pays,
De tes drapeaux ont promené les plis :
Quand l'ennemi leur jetait la menace,
Pour ébranler leur invincible audace,
Ils répondaient d'un geste solennel :
« Nous ne craignons que la chute du ciel! »

Depuis César à des dates récentes,
Tes champs ont vu bien des luttes sanglantes !
Les Beaumanoir ont illustré leur nom ;
Les du Guesclin, les Tanguy, les Clisson,
Les Richemont, les La Noue, à l'histoire,
De leurs exploits ont transmis la mémoire.

Tu comptes plus d'un célèbre marin.
Au premier rang paraît Duguay-Trouin :
La Bourdonnais, aussi brave qu'habile ;
Du Couëdic, Cassard et Lavieuxville,
Linois, Surcouf et Lamothe-Piquet
T'ont su former un glorieux bouquet !

Ce n'est pas là que ta gloire s'arrête.
Plus près de nous, l'indomptable Charette,
Tinténiac et Georges Cadoudal
Ont fait paraître un héroïsme égal :
Moreau, Bisson, Desilles et Cambronne,
La Tour d'Auvergne... ont orné ta couronne.

De ces héros, vous qui, suivant les pas,
Avez, sans peur, affronté le trépas,
Regnault, Bréa, Bedeau, Lamoricière,
Dignes rivaux de leur vertu guerrière !
Et vous aussi, valeureux de Lourmel,
Vous laisserez un renom immortel.

Que de savants forment ton entourage !
Maupertuis, et Duclos, et Lesage,
Châteaubriand, Laënnec et Broussais,
Carré, Quélen, Tresvaux, les Lamennais,
Brizeux, Jobert, dont Lamballe s'honore,
Walsh, Turquéty... puis bien d'autres encore !

Si quelques-uns, égarés par l'orgueil,
Ont, sur ton front, répandu quelque deuil,
Du plus grand nombre, oh ! la mémoire est pure,
Et doit grandir l'éclat de ta parure !
Combien encor de vertueux prélats,
De prêtres saints, d'intègres magistrats !

Oh! sois toujours la nation modèle,
La nation brave, fière et fidèle !
Conserve intact ce noble instinct d'honneur
Qui fut toujours l'aliment de ton cœur,
Pour le transmettre aux enfants d'un autre âge !
Ce sera là leur plus bel héritage.

Tout vrai Breton doit laisser de côté
L'astuce vile et la duplicité ;
C'est le cachet d'une indigne faiblesse,
C'est plus encor, c'est lâcheté, bassesse !
Je le dis haut, et qu'on le sache bien,
Ce rôle-là ne fut jamais le tien.

CANTIQUE

POUR L'IMMACULÉE CONCEPTION DE LA SAINTE VIERGE.

Combien, glorieuse Marie,
Dieu vous prodigua de faveurs !
Tous les instants de votre vie
Furent marqués de ses ardeurs !
Aussi, ravi de vos grandeurs,
Tout chante au ciel et sur la terre :
Honneur, honneur à notre mère !

Jamais votre âme sainte et pure
Ne subit l'atteinte du mal ;
Et jamais la moindre souillure
N'a teint votre éclat virginal ;
Et (privilége sans égal !)
Pour vous seule a lieu ce mystère :
Honneur, honneur à notre mère !

Marie ainsi dès l'origine,
Seule entre les enfants d'Adam,
Par une exemption divine,
Jamais, sous l'empire du dam,
Ne fut l'esclave de Satan ;
Elle a brisé sa tête altière !
Honneur, honneur à notre mère !

Quand au ciel se fit son entrée,
Le chœur des anges, radieux,
Devant leur reine révérée
Se prosterne silencieux ;
Et, d'un accord harmonieux,
Tout le ciel répond à la terre :
Honneur, honneur à notre mère !

Là, patriarches et prophètes,
La voyant au bras de son fils,
Avec respect courbant leurs têtes,
Disaient, d'étonnement remplis :

Tous nos désirs sont accomplis :
C'est la merveille de la terre !
Honneur, honneur à notre mère !

Quelle est donc cette fleur brillante ?
Ravis disaient les séraphins,
Que sa beauté si ravissante
Place au-dessus des chérubins !
Et tous, dans leurs concerts divins,
S'écriaient d'une voix soudaine :
Honneur, honneur à notre reine !

Qu'elle est aimable ! qu'elle est belle !
De ses parfums la douce odeur
Embaume l'enceinte éternelle !
Jamais si suave douceur
Ne s'unit à tant de fraicheur !
De grâces elle est toute pleine !
Honneur, honneur à notre reine !

De l'enfer, non, l'haleine impure
N'a jamais touché ce beau lys !
Ce chef-d'œuvre de la nature
Fut toujours digne de son fils !
Sa perfection est sans prix !
L'ange cède à la race humaine !
Honneur, honneur à notre reine !

Qu'à jamais son aimable empire
Ne cesse de fleurir sur nous
Avec son gracieux sourire,
Ainsi que son regard si doux !
Et, prosternés à ses genoux,
Chantons à notre souveraine :
Honneur, honneur à notre reine !

STABAT MATER.

Là, debout, pâle, échevelée,
La mère embrassait, désolée,
   La croix de son fils mourant !
L'effroi, la douleur, l'épouvante
Perçaient son âme gémissante
   Comme un glaive déchirant !

O quels tourments, quelle tristesse
Dans ce cœur si plein de tendresse
   Pour le seul fruit de son sein !
Que de cris, de sanglots, de larmes
Arrachèrent à ses alarmes
   Les maux de ce fils divin !

Quel œil, sans une larme amère,
De Jésus pourrait voir la mère
 En de si grandes douleurs?
Et quel cœur pourrait sans se fendre
Contempler cette mère si tendre
 Avec son fils, toute en pleurs?

Elle qui vit dans les supplices,
Chargé du poids de tous nos vices,
 Jésus par les coups meurtri !
Qui vit, à son heure suprême,
Dans l'abandon le plus extrême,
 Expirer ce fils chéri !

O vous, mère d'amour si pleine,
Faites-moi part de votre peine,
 Et des pleurs que vous versez?
Faites en sorte que mon âme,
Pour mon Jésus brûle et s'enflamme
 Des désirs les plus pressés !

Ah! dans mon cœur, ô sainte mère,
Daignez graver le caractère
   Des tourments de mon Sauveur,
Où son amour pour moi l'engage,
Et qu'avec vous j'aie en partage
   Une part de sa douleur.

Puissé-je ainsi, toute ma vie,
Pleurer, en votre compagnie,
   Sur les maux de ce cher fils ;
Qu'à votre deuil le mien s'unisse
Et que mon plus tendre délice
   Soit l'aspect du crucifix.

O des vierges, reine admirable,
Soyez à mes vœux favorable ;
   Que je soupire avec vous ;
Que sans cesse je me rappelle
De mon Sauveur la mort cruelle,
   Les angoisses et les coups.

Qu'à ces pensers mon cœur se livre,
Que cette croix sainte m'enivre,
 En retour de tant d'amour :
Que ce feu me brûle et m'enflamme,
O Vierge ! et protégez mon âme,
 Quand viendra mon dernier jour.

Mon Dieu, quand finira ma vie,
Que votre mort me fortifie ;
 Que la croix brille à mes yeux :
Et, de ses liens dégagée,
Que mon âme règne, ombragée
 De l'auréole des cieux !

GLORIA IN EXCELSIS DEO.

Gloire au Très-Haut au sein de l'empyrée !
Et qu'ici-bas la paix soit assurée
A tous les cœurs de bonne volonté !
Bénissons Dieu ; louons sa majesté ;
Adorons-le, célébrons sa mémoire ;
Rendons-lui grâce à cause de sa gloire ;
Au roi du ciel, le Père tout-puissant ;
A Jésus-Christ, son fils obéissant ;
Agneau de Dieu, fils unique du Père,
Vous, qui du monde expiez les forfaits,
Ayez pitié, Seigneur, de ma misère !
Vainqueur du crime, exhaussez nos souhaits,
Vous qui du Père égalez la puissance,
Prenez, Seigneur, prenez notre défense !
Vous le seul saint, seul Seigneur, Jésus-Christ:
Vous, seul Très-Haut avec le Saint-Esprit ;
Avec lequel, dans l'essence éternelle,
Vous partagez la gloire paternelle.

SYMBOLE DE NICÉE.

Je crois en un seul Dieu, le Père tout-puissant,
Souverain créateur du ciel et de la terre,
Des âmes, des esprits, de toute la matière :

En Jésus-Christ, son fils unique et le seul grand,
De toute éternité, de son Père naissant;
Lui-même Dieu de Dieu, lumière de lumière;
Engendré, non créé; consubstantiel au Père,
Et par qui tout fut fait; qui, pour l'homme mortel,
Afin de le sauver, est descendu du ciel ;
Et qui, dans le sein pur de la vierge Marie,
A pris du Saint-Esprit une mortelle vie,
Enfin qui s'est fait homme. Attaché sur la croix,
Par elle il a sauvé sa créature ingrate ;
Il a souffert, il est mort sous Ponce-Pilate ;
Comme les livres saints l'avaient dit autrefois,

Son corps fut déposé dans le sein de la terre ;
Mais le troisième jour il revit la lumière,
Et puis il regagna le céleste séjour
Pour reprendre sa place à côté de son Père ;
Il doit avec éclat en redescendre un jour,
Pour juger les vivants et les morts sans retour ;
De son règne ils verront la durée infinie.

Je crois au Saint-Esprit, Seigneur, source de vie,
Qui procède du Père aussi bien que du Fils ;
Qu'on adore avec eux, et que l'on glorifie,
Qui parla par la voix des prophètes jadis :

A l'Église toujours sainte, une, apostolique ;
Je crois de nos péchés à la rémission,
Que nous obtenons tous par un baptême unique ;
J'attends aussi des morts la résurrection ;
D'une vie à venir j'ai la conviction.

TE DEUM.

O Dieu ! c'est vous que nous louons,
Vous, Seigneur, que nous confessons ;
Vous, ô l'Éternel ! Dieu le Père,
Que l'univers entier révère :
Tout le ciel, en transports divins,
Anges, chérubins, séraphins,
Toutes les célestes phalanges,
Sans cesse, en brûlantes louanges,
A l'envi nous disent en chœur :
Oh ! Saint ! Saint ! Saint est le Seigneur,
Le Très-Haut, Dieu de la victoire !
L'univers est plein de sa gloire !
Et les apôtres glorieux,
Et les prophètes si nombreux,
Des martyrs la troupe brillante,
Avec l'Église militante,
Proclament de la terre au ciel
La majesté de l'Éternel ;
Son Fils unique et vénérable,
Et l'Esprit non moins adorable.

Fils du Père, avant tout, sans fin,
O Christ, roi de gloire! le sein
D'une humble et chaste créature,
Pour racheter notre nature,
A vos yeux ne répugna pas!
Brisant l'aiguillon du trépas,
Vous rouvrez le ciel à la terre :
Assis à la droite du Père,
Glorieux, vous viendrez un jour
Juger ceux qu'acquit votre amour.

Oui, puissent vos mains secourables
Nous soutenir, nous, misérables,
Que votre sang a rachetés;
Au rang des saints soyons comptés!
Sauvez, Seigneur, votre partage,
Et bénissez votre héritage;
Conduisez-nous, et qu'à jamais,
Plus enrichis de vos bienfaits,
Chaque jour marchant sur vos traces,
Nous profitions de tant de grâces,
Pour glorifier votre saint nom
Au sein de l'aimable Sion,
Notre heureuse et chère demeure.

Mais, Seigneur, daignez, à toute heure
Nous préserver de tout péché ;
De nos dangers soyez touché.
Prenez pitié de ma misère,
Grand Dieu! c'est en vous que j'espère :
Fort de cet espoir assidu,
Je ne serai jamais confondu.

ÉPITRE A MA SŒUR.

Helène, qui n'a pas ressenti quelquefois
Quelqu'un de ces moments d'indicible tristesse,
Qui pèse sur le cœur de son horrible poids,
Comme un étau de fer qui l'étreint et l'oppresse,
Et semble en tous les sens l'écraser tour à tour ?
Tel fut le sentiment, ô ma sœur bien aimée,
Où mon âme se vit tout à coup abîmée,
Quand m'arrachant aux lieux où je reçus le jour,
Et sacrés par la mort d'un père et d'une mère,
Où, pour me consoler de leur perte, du moins
Il me restait l'amour d'une sœur et d'un frère,
Qui m'avaient prodigué les plus généreux soins.
Mais il est terme à tout : sous peine d'être à charge
A ceux qui si longtemps m'avaient donné du pain ;
Il fallait quelque jour enfin prendre le large.
Et je me dirigeai vers un pays lointain.
Je marchais seul, chargé de mon petit bagage ;
J'avais le cœur bien gros et bien rempli d'ennui,
Et je sentais parfois chanceler mon courage,
Car j'allais désormais marcher sans nul appui.

Et tout en cheminant, dans mon âme oppressée,
Sans cesse se glissait, comme un poison amer
Qui me glaçait le sang, cette noire pensée :
Dans un monde si grand plus un cœur pour m'aimer!
Les naturels du lieu, grimaçant un sourire,
Lorsque les abordait ce nouvel inconnu,
M'obliquaient un regard qui m'avait l'air de dire :
Que vient-il faire ici ce nouveau hors venu?
Attribueraient-ils donc à d'indignes caprices
Le généreux motif qui m'amène en ce lieu,
Quand je n'y viens qu'au prix des plus grands sacrifices
Et pour y travailler à la gloire de Dieu!
Des choses d'ici-bas c'est le sort ordinaire;
Rarement le présent sourit à nos désirs :
Mais qu'importe, après tout, mon logis solitaire?
Mon cœur, dans le passé, vivra de souvenirs.

TABLE.

TABLE.

Préface I

Chant dédicatoire à Dieu. — Invocation. 1

La Création 2

La Rédemption 13

La Résurrection 24

Dies iræ. 29

Le 21 janvier. 36

La Vendée.	43
L'exil	50
Le rossignol.	54
Le jeune malade.	57
Quiberon	62
Fragments d'Horace. — Ode : *Jam satis terris*.	71
Ode : *O Navis*.	75
Ode : *Qualem ministrum*.	77
La vérité (1re à La Mennais)	82
La Fête-Dieu.	90
Homo miseriarum.	98
Le rêve du malade.	100
Le diable de Fougères.	102
Le pèlerinage (2e à La Mennais).	108
Les SS. noms de Jésus et de Marie.	113
Le rappel (3e à La Mennais)	120
O'Connel	129
A Pie IX.	130
Marie-Thérèse de France	144
Le printemps	149
L'été.	162
L'automne.	187

L'hiver.	191
Épilogue des saisons.	200
Souffrance et patience.	210
Expulsion des trappistes.	215
Conseils aux ouvriers	222
Châteaubriand.	229
Mort de Mgr Affre.	234
Souvenir de la patrie	243
A mes amis.	245
A la Bretagne.	249
Cantique (à l'Immaculée Conception).	255
Stabat Mater	259
Gloria in excelsis.	263
Symbole de Nicée.	264
Te Deum laudamus	266
Epitre à ma sœur	269

FIN.

Tours, imp. Ladevèze.

SUITE AUX CHANTS

ÉLÉGIAQUES

CANTIQUE DE JUDITH.

Ah ! pour célébrer la victoire
Que Dieu nous accorde en ce jour,
Faites retentir à sa gloire
Les cymbales et le tambour ;
Et que l'allégresse publique
Chante dans un nouveau cantique
Et sa puissance et son renom ;
Lui qui, renversant les armées,
Sauve nos tribus alarmées,
Le Tout-Puissant ! tel est son nom.

Au sein de sa terre bénie,
Voyez ! c'est son camp qu'il a mis,
Pour renverser la tyrannie
De nos barbares ennemis.
Déjà, du haut de nos montagnes,
L'Assyrien sur nos campagnes
Accourait du côté du Nord
Avec une armée innombrable ;
Et, dans sa marche inarrêtable,
Semait le ravage et la mort.

Il se disait d'un ton superbe
Que ses escadrons triomphants
Allaient moissonner comme l'herbe
Nos plus intrépides enfants ;
Que le feu détruirait nos villes,
Que nos jeunes gens et nos filles
S'en iraient en captivité.
Dieu rit de ce projet infâme ;
Il a, sous la main d'une femme,
Fait tomber ce chef détesté.

Il n'a point terminé sa vie
Sous les coups d'un fils des Titans ;
Elle ne lui fut point ravie
Par le bras d'énormes géants :
Par la beauté de son visage,
Celle qui fit un tel ouvrage,
C'est la fille de Mérari !
Parée avec coquetterie,
Elle vient sauver sa patrie;
Par elle Holopherne a péri.

Son front oint d'une huile exquise,
Sur sa tête un riche bandeau,
L'écharpe neuve qu'elle a mise
L'ont fait tomber dans le panneau ;
L'éclat brillant de sa chaussure
Et la beauté de sa parure
Ont soudain séduit son regard;
Mais, voyant son âme engourdie,
Judith l'a, d'une main hardie,
Décapité par son poignard.

Stupéfaits d'une telle audace,
Les Perses sont dans la terreur;
Les cruels Mèdes à leur place
Restent cloués par la frayeur :
Et cette immense multitude,
Pleurant un désastre si rude,
Poussait d'horribles hurlements
Quand une troupe défaillante
Qu'entraîne une soif dévorante
Paraît au milieu de leurs camps.

Alors, des enfants en bas âge
Les ont fait tomber sous leurs coups;
Car, comme un troupeau sans courage,
Ils se laissaient égorger tous;
Et cette foule désolée
Tombe au milieu de la mêlée
Devant la face du Seigneur!
Dans l'élan le plus magnifique,
Entonnons un nouveau cantique
Au nom de Dieu notre sauveur.

Arbitre de toute existence,
Vous êtes grand, Dieu des combats !
Vous déployez votre puissance,
Et tout tombe sous votre bras.
O Dieu ! que tout loue et bénisse
Votre puissance créatrice,
Car d'un mot vous avez tout fait !
Si vous dites une parole,
Au même instant votre esprit vole,
A son souffle tout disparaît !

Les monts, jusques au sombre empire,
Avec les eaux tressailleront ;
Les rocs fondront comme la cire
En présence de votre front !
Tous ceux qu'anime votre crainte,
Et qui gardent votre loi sainte
Seront élevés à jamais :
Mais malheur au peuple rebelle
Qui sur la nation fidèle
Voudrait exercer ses forfaits !

Pour confondre son insolence,
Notre protecteur tout puissant
L'accablera de sa vengeance
Au grand jour de son jugement !
Oui, la main du Dieu des batailles
Fera naître dans leurs entrailles
La corruption et les vers ;
L'infection, la pourriture
Consumerout leur chair impure,
Dans l'éternel feu des enfers !

CANTIQUE DU PROPHÈTE HABACUC.

Ah ! votre voix, Seigneur, s'est fait entendre à moi,
Aussitôt tout mon être a tressailli d'effroi :
Mais au milieu des temps vous vous ferez connaître,
Et de votre courroux la bonté saura naître ;
Le Seigneur nous viendra du côté de Théman,
Et son Saint sortira des hauteurs de Pharan.

Le ciel est tout rempli de l'éclat de sa gloire,
Et la terre redit tous ses chants de victoire !
Ainsi que le soleil brillera sa splendeur,
Et l'on voit dans ses mains sa force et sa vigueur ;
C'est là qu'il a caché l'excès de sa puissance ;
La mort et le démon fuiront en sa présence.

Il s'arrête : et son œil mesure l'univers ;
D'un regard il confond tous les peuples divers :
Il brise en un instant les montagnes du monde :
Les collines du siècle, en leur base profonde
S'ébranlant tout à coup jusqu'à leur sommité,
S'affaissent sous le poids de son éternité.

Dans le trouble, pour prix de sa conduite impie,
Avec ses pavillons j'ai vu l'Ethiopie :
J'ai vu de Madian les fils dans la terreur.
Est-ce aux fleuves qu'en veut votre courroux, Seigneur?
Sont-ce leurs flots qu'atteint votre regard sévère?
La mer a-t-elle osé braver votre colère ?

Rien ne peut résister à vos bouillants coursiers,
Et la victoire vole avec vos chants guerriers :
Vous allez aiguiser vos flèches vengeresses ;
A nos tribus enfin vous tiendrez les promesses
Faites en leur faveur par vos propres serments ;
Vous leur partagerez les eaux des continents.

En vous voyant, les monts gémissent de tristesse,
Et la masse des eaux s'écoule avec vitesse,
Et l'abîme profond fait retentir sa voix ;
Tous les flots déchaînés s'élèvent à la fois,
Les grands flambeaux du ciel à leur place immobiles,
Ont suspendu le cours de leurs marches tranquilles.

Que les feux de vos traits jaillissent par torrents,
Que votre lance brille en éclairs foudroyants ;
Alors ils reprendront leur course abandonnée :
Vous foulerez aux pieds la terre consternée ;
Et, saisis de terreur devant votre courroux,
Les peuples à vos pieds tomberont à genoux.

Vous accourez sauver votre peuple rebelle ;
Vous le sauvez, aidé de votre Christ fidèle :
Votre bras a frappé la tête du méchant,
Ebranlé sa maison jusqu'en son fondement,
Et ses murs entr'ouverts s'écroulent jusqu'au faîte,
Couvrant de leurs débris sa honte et sa défaite :

Vous avez consumé ses funestes lauriers
Et désarmé le bras de ses cruels guerriers
Qui s'en venaient sur moi fondre comme la foudre,
Menaçant à l'envi de me réduire en poudre ;
Semblables, dans leur joie, au bandit abhorré
Qui dépouille le faible en un lieu retiré.

Vous avez à vos chars ouvert la mer profonde ;
Ils ont des grandes eaux franchi la fange immonde.
Quand vous m'avez parlé tout mon cœur s'est troublé ;
Au son de votre voix mes lèvres ont tremblé ;
J'ai senti de mes os se consumer la moelle,
Mes genoux se glacer d'une frayeur mortelle.

Pour finir ma douleur, ah ! laissez-moi mourir !
On ne voit plus de fleurs le palmier se couvrir ;
Le cep ne poussera plus de bourgeon fertile,
L'olivier n'offrira qu'un espoir inutile ;
Pour les besoins de l'homme aux champs plus de produits ;
Plus de bœufs à la crèche ; aux parcs, plus de brebis.

Dans le Dieu mon sauveur j'éclaterai de joie :
Dieu lui-même est ma force ; il rendra dans la voie,
Mes pieds bien plus légers que les pieds du chevreuil ;
Sous sa conduite un jour, après des temps de deuil,
Je reverrai l'aspect de nos hauteurs antiques,
En célébrant son nom et chantant des cantiques.

Psaume 116, Laudate Dominum.

Bénissez Dieu, nations de la terre,
Peuples, louez à l'envi le Seigneur,
Lui qui, toujours ferme, en notre faveur
Fait éclater sa bonté salutaire;
Et sa parole, en toute vérité,
Subsistera jusqu'à l'éternité.

CANTIQUE SUR LA CONFESSION

O, du péché misérables victimes,
En quel état vous ont réduits vos crimes
Depuis le jour où, la première fois,
De votre Dieu vous bravâtes les lois
Pour vous livrer aux vains attraits du vice
En méprisant la voix de la justice?
Pour apaiser le céleste courroux,
Confessez-vous, pécheurs, confessez-vous.

Depuis ce jour de votre déchéance
Qu'est devenu cet habit d'innocence
Qu'au saint baptême on vous avait donné?
Aux passions dès-lors abandonné,
De votre cœur quel est l'état horrible?
Au lieu de paix, c'est un combat terrible.
Pour apaiser le céleste courroux,
Confessez-vous, pécheurs, confessez vous.

Non, il n'est plus de bonheur pour l'impie
Depuis l'instant qu'aux sources de la vie
Il a cessé de ranimer son cœur.
Des faux plaisirs l'insatiable ardeur
Qui le dévore et l'étreint sans relâche
Le fait toujours succomber à la tâche.
Pour apaiser le céleste courroux,
Confessez-vous, pécheurs, confessez-vous.

Pour retrouver le bonheur et la joie,
Ah ! hâtez-vous de rentrer dans la voie
Où s'écoulaient jadis vos jeunes ans !
A réformer vos coupables penchants
Apportez donc un généreux courage,
Et secouez les fers de l'esclavage.
Pour apaiser le céleste courroux,
Confessez-vous, pécheurs, confessez-vous.

Un tel travail, dites-vous, nous effraye,
Prétexte vain ! il suffit qu'on essaye ;
Par son amour Dieu sait le rendre doux ;
Et dans son sang qu'il a versé pour tous
Il veut laver les taches de vos âmes
Et les ravir à leurs bourreaux infâmes.
Pour apaiser le céleste courroux,
Confessez-vous, pécheurs, confessez-vous.

Sous le fardeau de votre lourde chaine
Ce Dieu d'amour vous contemple avec peine ;
Il vous attend, vous offre le pardon ,
Car c'est le Dieu tout aimable et tout bon
Qui vous créa dans sa bonté profonde
Et dont le sang a racheté le monde.
Pour apaiser le céleste courroux,
Confessez-vous , pécheurs , confessez-vous.

Pour réparer les pertes d'innocence,
Il a voulu laisser la pénitence
Aux cœurs contrits qui reviendraient à lui
Et recourraient à son divin appui,
Comme une planche au milieu de l'orage,
Qui seule peut nous sauver du naufrage.
Pour apaiser le céleste courroux,
Confessez-vous, pécheurs , confessez-vous.

N'abusez pas de sa miséricorde :
Au repentir le pardon qu'il accorde ,
Dieu le refuse au cœur impénitent :
Pendant un temps il se montre indulgent,
Mais quand il fait éclater sa colère
Rien ne peut plus enfin nous y soustraire.
Pour apaiser le céleste courroux,
Confessez-vous, pécheurs, confessez-vous.

A l'endurci qui brave sa justice,
Sans se changer, il réserve un supplice
Qui fait frémir tous les sens de terreur :
C'est un séjour de désordre et d'horreur
Où les démons torturent leurs victimes
Au fond brûlant des éternels abîmes.
Pour apaiser le céleste courroux,
Confessez-vous, pécheurs, confessez-vous.

NOEL

Simples bergers à l'âme fraîche,
Ah! laissez là votre troupeau;
Venez ici, dans une crèche,
Contempler un enfant nouveau ;
Sur sa couche de paille sèche,
Que ce petit enfant est beau!

Dors, doux enfant, dans les bras de ta mère,
En attendant le réveil du Calvaire.

Dans cette grotte froide et noire
Où l'ont fait naître nos forfaits,
Pauvre à l'excès, pourriez-vous croire
Que c'est le Prince de la paix,
L'unique fils du Roi de gloire,
Qui vient visiter ses sujets ?

Dors, doux enfant, dans les bras de ta mère,
En attendant le réveil du Calvaire.

Venez à lui (ce sont les anges
Eux-mêmes qui vous l'ont prêché),
Aux nôtres, joignez vos louanges,
Voici qu'un Sauveur vous est né ;
Vous le verrez serré de langes
Et dans une crèche couché.

Dors, doux enfant, dans les bras de ta mère,
En attendant le réveil du Calvaire.

Le soleil vient enfin de luire
Pour le genre humain gémissant ;
Celui que la terre désire
Vient sous la forme d'un enfant :
L'enfer va voir crouler l'empire
De son despote frémissant.

Dors, doux enfant, dans les bras de ta mère,
En attendant le réveil du Calvaire.

Il foule aux pieds et la richesse,
Et la puissance, et les honneurs ;
Le froid hiver, de sa rudesse,
Lui fait éprouver les rigueurs ;
De la plus profonde détresse
Il ressent toutes les horreurs.

Dors, doux enfant, dans les bras de ta mère,
En attendant le réveil du Calvaire.

Le renard même a sa retraite
Où tout travail cesse pour lui,
Et le passereau s'apprête
Un nid dans le buisson fleuri ;
Mais, pour y reposer sa tête,
L'Homme-Dieu n'a pas un abri.

Dors, doux enfant, dans les bras de ta mère,
En attendant le réveil du Calvaire.

Bientôt les rois, en sa personne
Reconnaissant le Roi des rois,
Mettront à ses pieds leur couronne
Et se soumettront à ses lois,
Et, partout, du Dieu qui pardonne,
Les peuples entendront la voix.

Dors, doux enfant, dans les bras de ta mère,
En attendant le réveil du calvaire.

En voyant le sauveur du monde
Réduit pour nous en cet état,
Que son abaissement confonde
Notre amour-propre délicat,
Et que sa tendresse profonde
Touche enfin notre cœur ingrat.

Dors, doux enfant, dans les bras de ta mère,
En attendant le réveil du calvaire.

Divin enfant, dont l'indigence
Des hommes fit le rebut
Au moment même où ta naissance
Venait opérer leur salut,
De leur vive reconnaissance
Reçois aujourd'hui le tribut.

Dors, doux enfant, dans les bras de ta mère,
En attendant le réveil du calvaire.

Jour de Noël 1858.

CANTIQUE POUR LA COMMUNION

AVANT LA COMMUNION

JÉSUS-CHRIST

Ingrats mortels que ma grâce illumine,
Jusques à quand fermerez-vous les yeux?
Pourquoi, toujours sourds à ma voix divine,
Méprisez-vous mes bienfaits précieux?

>   Je suis la vie
>   De mes élus;
>   Ame chérie,
>   Ne tarde plus.

Purifié par le sang du calvaire,
L'homme à son Dieu sans crainte peut s'unir;
En négligeant ce secours salutaire,
Il ne saurait longtemps se soutenir,

>   Je suis la vie
>   De mes élus;
>   Ame chérie,
>   Ne tarde plus.

Venez à moi, dit ce Dieu tout aimable,
En tous vos maux je veux vous soulager;
Venez à moi, vous que la peine accable,
Mon joug est doux et mon fardeau léger.

>Je suis la vie
>De mes élus;
>Ame chérie,
>Ne tarde plus.

L'AME

Dans ces bas lieux si battus par l'orage,
Toujours livrés à de nouveaux périls,
Quand donc, Seigneur, de mon pélerinage
Les tristes jours, hélas! finiront-ils?

>Source de vie,
>Venez, Jésus;
>Je vous en prie,
>Ne tardez plus.

JÉSUS-CHRIST

Au repentir si toujours je pardonne,
De l'endurci je venge les mépris ;
Aux bons combats j'accorde la couronne ;
C'est moi qui frappe, et c'est moi qui guéris.

      Je suis la vie
      De mes élus ;
      Ame chérie,
      Ne tarde plus.

L'AME

Mes ennemis se succèdent sans cesse,
Pour me livrer des combats acharnés ;
Par votre bras, soutien de ma faiblesse,
Incontinent qu'ils soient exterminés.

      Source de vie,
      Venez, Jésus ;
      Je vous en prie,
      Ne tardez plus.

JÉSUS-CHRIST

Je vous convie à mon banquet céleste,
Accomplissez mes généreux desseins ;
Par les effets d'une langueur funeste
Pour vous, mortels, ne les rendez pas vains.

   Je suis la vie
   De mes élus ;
   Ame chérie,
   Ne tarde plus.

L'AME

Si, fatigué de ses graves blessures,
Mon faible cœur ne peut se relever
Qu'autant que vous, oubliant mes injures,
Veniez, Seigneur, vous-même me sauver.

   Source de vie,
   Venez, Jésus ;
   Je vous en prie,
   Ne tardez plus.

JÉSUS-CHRIST

Abreuvez-vous de mon sang adorable,
Ce vin sacré de la virginité;
Nourrissez-vous de ma chair ineffable,
Germe fécond de l'immortalité.

      Je suis la vie
      De mes élus;
      Ame chérie,
      Ne tarde plus.

L'AME

En épousant notre pauvre nature,
O Roi puissant des siècles éternels,
N'avez-vous pas à votre créature
Restitué tous ses droits immortels?

      Source de vie,
      Venez, Jésus;
      Je vous en prie,
      Ne tardez plus.

JÉSUS-CHRIST

Venez ! à vous je veux m'unir moi-même,
Je vous en fais un strict commandement ;
Etre avec vous est mon bonheur suprême,
Vous rendre heureux mon plus doux agrément.

> Je suis la vie
> De mes élus ;
> Ame chérie,
> Ne tarde plus.

L'AME

Avec ardeur, vous que mon cœur réclame,
O pain vivant qui descendez du ciel !
Pour satisfaire aux besoins de mon âme,
Immolez-vous, Jésus, sur cet autel.

> Source de vie,
> Venez, Jésus ;
> Je vous en prie,
> Ne tardez plus.

APRÈS LA COMMUNION

L'AME

O Dieu d'amour, enfin je vous possède !
Mon cœur est plein de vos saintes ardeurs ;
A tous les maux il trouve le remède ;
Il n'a jamais goûté tant de douceurs.

  Bonté suprême,
  O mes amours !
  Que je vous aime
  Toujours, toujours.

Longtemps séduit par de fausses ivresses,
J'avais, Seigneur, méconnu vos bienfaits ;
En s'enivrant de leurs douceurs traîtresses,
Jamais mon cœur n'avait goûté de paix.

  Bonté suprême,
  O mes amours !
  Que je vous aime
  Toujours, toujours.

Fuyez, fuyez, vanités de la terre,
Non, non, pour moi vous ne serez plus rien ;
Votre bonheur n'était qu'imaginaire,
Mon Jésus seul est le souverain bien.

   Bonté suprême,
   O mes amours !
   Que je vous aime
   Toujours, toujours.

Ne suis-je pas plus heureux que les anges ?
Celui qu'au ciel ils ont pour souverain,
Et dont sans cesse ils chantent les louanges,
Le Roi de gloire habite dans mon sein.

   Bonté suprême,
   O mes amours !
   Que je vous aime
   Toujours, toujours.

Ah ! dans mon cœur, que ce torrent d'eau vive,
Des passions calme les feux ardents ;
Du saint amour que la flamme ravive
Sans cesse en moi ses doux embrâsements.

>   Bonté suprême,
>   O mes amours !
>   Que je vous aime
>   Toujours, toujours.

JÉSUS-CHRIST

Après la nuit des ténèbres mortelles
Où tu gémis sous le poids de tes maux,
Dans les splendeurs des clartés éternelles
Tu goûteras la paix et le repos.

>   Ame chérie,
>   Poursuis ton cours
>   Vers ta patrie
>   Toujours, toujours.

31 décembre 1858.

1***

CANTIQUE A LA SAINTE-VIERGE

POUR LE MOIS DE MARIE

Amour à vous, douce Marie !
Le mois des fleurs est votre mois,
Les frais trésors de la prairie
Et la verdure de nos bois
Sous vos pieds formeront un trône ;
Les plus riches dons du printemps,
Pour composer votre couronne,
Uniront leurs reflets brillants.

Amour à vous, douce Marie !
Le mois des fleurs est votre mois ;
Devant cette Mère chérie
Exhalons nos vœux et nos voix.

Rien n'est si doux que son empire
Sur les cœurs heureux des mortels ;
De la bonté c'est le sourire
Avec les baisers maternels
Qui viennent dissiper les larmes
De ses enfants infortunés,
Et bannir les noires alarmes
Qui troublaient leurs cœurs consternés,

   Amour à vous, douce Marie !
   Le mois des fleurs est votre mois ;
   Devant cette Mère chérie
   Exhalons nos vœux et nos voix.

L'on ne craint point, sous son auspice,
La fureur de ses ennemis ;
On la trouve toujours propice
Quand on veut être ses amis :
Couvert de cette Tour d'ivoire
Qui, dans son flanc immaculé,
Porta le Dieu de la victoire,
Quel mortel a jamais tremblé ?

   Amour à vous, douce Marie !
   Le mois des fleurs est votre mois ;
   Devant cette Mère chérie
   Exhalons nos vœux et nos voix.

Des vierges, tendre souveraine,
Elle aime le cœur humble et pur ;
Pour eux son blanc manteau de Reine
Sera toujours un rempart sûr ;
Mais au repentir qui l'implore
Elle ne ferme point son cœur,
Car elle est le refuge encore
Où peut s'abriter le pécheur.

   Amour à vous, douce Marie !
   Le mois des fleurs est votre mois ;
   Devant cette Mère chérie
   Exhalons nos vœux et nos voix.

Au sein bruyant de la tempête,
Si vous luttez contre les flots,
Avec espoir levez la tête,
Marie entendra vos sanglots ;
Sa voix si douce et secourable
Calmera la mer en courroux ;
Et, dans la tourmente effroyable,
Le salut brillera pour vous.

   Amour à vous, douce Marie !
   Le mois des fleurs est votre mois ;
   Devant cette Mère chérie
   Exhalons nos vœux et nos voix.

Voyez, ô Reine de clémence,
Voyez, prosternés à vos pieds,
Ces enfants dont la longue offense
Courbe les fronts humiliés ;
De leurs cœurs réchauffez la glace ;
A votre fils, pour leurs forfaits,
Demandez une pleine grâce
Et l'abondance de la paix.

 Amour à vous, douce Marie !
 Le mois des fleurs est votre mois ;
 Devant cette Mère chérie
 Exhalons nos vœux et nos voix.

Sur cette foule recueillie,
Vierge, abaissez un doux regard,
Et que votre amour nous rallie
Sous votre céleste étendard !
Ah ! que jamais l'attrait du vice
Ne nous détourne du chemin
Qui doit, en suivant la justice,
Nous conduire au séjour divin ?

 Amour à vous, douce Marie !
 Le mois des fleurs est votre mois ;
 Devant cette Mère chérie
 Exhalons nos vœux et nos voix.

CANTIQUE

LES AMES DU PURGATOIRE

Au sein de ces flammes brûlantes,
Où souffrent nos âmes aimantes,
Ah ! donnez-nous quelques secours !
Nous n'avons plus d'autre espérance
Qu'en votre seule bienveillance ;
C'est là notre unique recours.

Pour soulager notre misère
Accordez-nous quelque prière :
Amis, enfants, pères, époux,
Ayez, ayez pitié de nous.

Oubliant la gloire infinie,
A vous complaire, en l'autre vie,
Nous nous étions trop attachés,
Et, pour punir cette faiblesse,
Dans sa justice vengeresse,
La main de Dieu nous a touchés.

Pour soulager notre misère
Accordez-nous quelque prière :
Amis, enfants, pères, époux,
Ayez, ayez pitié de nous.

Sur nous la justice irritée,
Telle qu'une mer agitée,
Sans cesse promène ses flots !
Nos tourments sont épouvantables
Et nos larmes intarissables
Au fond de nos obscurs cachots.

Pour soulager notre misère
Accordez-nous quelque prière :
Amis, enfants, pères, époux,
Ayez, ayez pitié de nous.

Notre carrière terminée,
Pour changer notre destinée,
Nos cris, nos vœux sont impuissants ;
Mais vous pouvez, par vos suffrages,
Nous obtenir les avantages
Qu'implorent vos frères souffrants.

Pour soulager notre misère
Accordez-nous quelque prière :
Amis, enfants, pères, époux,
Ayez, ayez pitié de nous.

Pour un caprice, une parole,
Jusques à la dernière obole
Il nous faut satisfaire à Dieu :
Par le fruit de ses mérites
Vous pouvez nous rendre quittes,
Et nous arracher de ce lieu.

Pour soulager notre misère
Accordez-nous quelque prière :
Amis, enfants, pères, époux,
Ayez, ayez pitié de nous.

SUR LA MORT D'UN JEUNE ENFANT

Consolez-vous, ô mère désolée,
Ne pleurez plus la jeune âme envolée
D'entre vos bras au séjour bienheureux.
Ange égaré dans ce lieu de misère,
L'ange a senti le froid de notre terre,
Il s'est hâté de revoler aux cieux.

La vie humaine, et même la plus belle,
Recouvre plus d'une épine cruelle
Sous son feuillage et si vert et si frais :
L'ardent soleil a terni sa corolle,
Au vent du soir, avant qu'elle s'envole
Pour s'enrouler aux barbes des cyprès.

Pourquoi pleurer lorsqu'une âme chérie
Le réclamait dans l'heureuse patrie
Pour partager son bonheur avec lui ?
Là, des éclairs en devançant les traces,
Ils parcourront ensemble les espaces
Où plongera leur regard ébloui.

« O premier né, dit-elle, de ma fille,
Si plus longtemps, au sein de ma famille,
Le ciel permît que j'eusse encor vécu,
Que je t'aurais prodigué de caresses !
Sur mes genoux debout, tes blondes tresses
Auraient souvent ombragé mon front nu.

« Mais qu'auraient pu tous mes soins inutiles
Pour te donner des jours purs et tranquilles.
Ce vrai bonheur que l'homme en vain poursuit
(Tant il est vrai qu'il est la fin de l'homme)
Et qui toujours comme un brillant fantôme,
Entre ses mains se dissipe et s'enfuit.

« Quitte ces lieux où règnent tant de vices,
Où les plaisirs ne sont que des supplices,
Où l'on ne voit qu'envie et trahisons,
Où l'œil est faux, le sourire perfide ;
Que des cœurs secs, à l'appétit avide,
Où l'égoïsme entasse ses poisons.

« Viens avec moi : la Bonté souveraine
T'inondera d'une clarté sereine,
De plaisirs francs, d'une éternelle paix;
Ce n'est qu'au ciel (crois-le bien, ô mon ange)
Qu'on peut jouir d'un bonheur sans mélange :
Du monde, ici, l'on ne craint plus les traits. »

Et la jeune âme, à cette voix docile,
Reprend au ciel une route facile :
Sous les blancs plis de son léger linceul,
Près de la croix, sa dépouille mortelle,
En attendant l'union éternelle,
Repose en paix aux pieds de son aïeul.

MASSACRES DU LIBAN

JUILLET 1860

Qui l'eût jamais pensé, dans le siècle où nous sommes,
Que la haine à ce point pût ravaler des hommes
Jusqu'à faire un désert d'un peuple tout entier,
Qui voit traîtreusement succomber sans défense
Et femmes et vieillards, la jeunesse et l'enfance,
  Sous l'aigu tranchant de l'acier ?

La gloire du Liban, cette montagne sainte,
Reçut-elle jamais une pareille atteinte
Aux plus lugubres jours de son antiquité ?
Dans ces lieux désolés, le deuil et le pillage,
L'incendie et la mort, d'une horde sauvage
  Attestent la férocité.

Contre les fils du Christ, vomi par le Tartare,
Un peuple décrépit, fanatique et barbare,
Aux instincts de la brute aveuglément livré,
Comme d'affreux chacals se jetant sur leur proie,
Vole et se précipite avec des cris de joie,
      De sang et d'orgie enivré !

Ah ! cessez de pleurer, Rachels inconsolables,
Vos fils qu'ont moissonnés ces tyrans effroyables !
Pleurez sur vous qu'attend un plus sanglant affront,
Un malheur plus affreux que le fer et les flammes !
Tous les crimes sont bons aux yeux de ces infâmes :
      Sainte pudeur, couvre ton front.

Comment tant de forfaits, sensible Jérémie,
N'ont-ils pas réveillé ta grande ombre endormie,
Pour déplorer encor les malheurs de Sion ?
Les autels profanés, les demeures divines
N'offrant plus qu'un monceau de cendre et de ruines !
      Partout la désolation !

Les prêtres massacrés au seuil du sanctuaire !
Et l'enfant égorgé dans les bras de sa mère
Qui demande à grands cris vengeance de son sang !
Hélas ! de ces bandits la fureur acharnée
Ne sait point respecter l'enfance abandonnée,
      Ni le faible, ni l'innocent.

Et les plus malheureux ne sont pas les victimes !
Les vivants, poursuivis jusqu'au fond des abîmes,
Dans le creux des rochers, ou dans les sombres bois,
Expirent de terreur, de faim et de misère ;
Et, voulant éviter le sanglant cimeterre,
      Ne font qu'allonger leurs abois.

Mais dans le vil limon que la tempête agite
Il se trouve parfois quelques perles d'élite :
Comme un mont de corail dans cette immonde mer ;
A ces tristes débris des fureurs d'un autre âge,
Tu fournis ta maison, ton pain et ton courage,
      Toi, magnanime Abd-el-Kader !

L'Europe s'est émue à leurs cris de détresse ;
Tous les cœurs généreux que la douleur oppresse
N'ont qu'un cri spontané pour flétrir ces forfaits ;
Et, pour faire cesser tant d'horribles alarmes,
Des millions de bras se portent sur leurs armes
    Prêts à venger de tels excès.

Sur ces bords autrefois témoins de sa vaillance,
Messagère du ciel, la généreuse France
Va de nouveau planter son drapeau triomphant,
Et, par dix mille voix, son armée aguerrie
Fera redire encore aux échos de Syrie
    Son cri : « Dieu le veut ! En avant ! »

CASTELFIDARDO

Quel spectacle à nos yeux offre aujourd'hui le monde,
L'oubli de tout devoir, l'impiété profonde,
    Le mépris insolent du droit,
Le mensonge éhonté, l'ignoble perfidie,
Et ce sentiment bas que l'honneur répudie,
    L'égoïsme le plus étroit !

Il semble que Satan, s'emparant de la terre,
Se plaît à déchaîner le massacre et la guerre
    Contre les Saints épouvantés !
Du Tong-King au Liban, de Turin à la Chine,
On ne voit que pillage, et désordre, et ruine,
    Epouvantables cruautés !

De la foi des Chrétiens le Pontife suprême,
Du Christ, notre Sauveur, le Vicaire lui-même
    A ressenti ces attentats :
Et c'est l'un de ses fils dont l'astuce hypocrite
Contre ce Père auguste arme la main maudite,
    Qui lui ravit tous ses états !

Un illustre guerrier que tant d'audace indigne
Offre au Pontife-Roi son dévouement insigne
    Et son héroïque valeur :
De généreux champions une foule guerrière,
De tout pays chrétien, sous sa noble bannière
    Vient se ranger avec ardeur.

Soldats improvisés que la justice anime,
Dont le cœur frémissant veut combattre le crime,
    Et vaincre ou mourir en héros ;
Ils sauront de l'impie endurer la satire :
Quand on joint aux lauriers les palmes du martyre,
    Les triomphes sont assez beaux.

Ah ! quel que soit le sort que le ciel vous destine,
Allez, allez remplir la volonté divine,
    Nobles mercenaires de Dieu !
Allez, comme autrefois les vaillants Machabées !
Sous le poids des travaux vos phalanges courbées
    Tout-à-coup grandiront au feu.

Oh ! ce n'est pas le feu qu'ils ont le plus à craindre,
C'est la duplicité dont cherche à les atteindre
    Un ennemi fourbe et félon :
Armés pour soutenir une guerre loyale,
Ils affronteront même une lutte inégale ;
    Epargnez-leur la trahison.

A Castelfidardo, victimes de l'intrigue,
Ils trouvent une armée ; épuisés de fatigue,
    Un contre dix, que feront-ils ?
Contre un mont escarpé, hérissé de mitraille,
Auront-ils donc le cœur d'affronter la bataille ?
    Oui ; le brave aime les périls.

Un héros, dont le bras s'est armé pour l'Église,
S'élance aux premiers rangs, combat, enfonce et brise
    Comme un indomptable ouragan ;
Mais atteint coup sur coup de trois blessures graves,
Il tombe au champ d'honneur, comme tombent les braves.
    Gloire à toi, vaillant Pimodan !

O Castelfidardo ! Gelboé de nos frères !
Etends sur leurs tombeaux tes cyprès funéraires,
    Couvre la cendre des martyrs !
Pendant qu'ils règneront dans les parvis célestes,
Conserve de ces preux les vénérables restes,
    Avec nos tristes souvenirs !

Là, tout un quart de jour, la lutte est acharnée :
Mais le nombre l'emporte, et la fougue obstinée
    Est enfin réduite à céder :
C'est un assassinat plutôt qu'une victoire ;
Et tu n'as rien perdu de l'éclat de ta gloire,
    Brillant vainqueur d'Abd-el-Kader !

Dans ces champs, autrefois, tel un grand capitaine,
Sans creuser une tache à sa gloire lointaine,
    Tomba sous un revers fatal :
Le cœur et le front haut, héros de Constantine,
Tu peux aussi porter le poids de ta ruine
    En digne émule d'Annibal.

Au bonheur trop constant l'on conserve rancune ;
L'esprit devient plus fort, trempé par l'infortune ;
  Elle lui donne du ressort :
Elle dissipe, enfin, les ombres de l'envie,
Dans les âges futurs rend du lustre à la vie
  Qui sut lutter contre le sort.

Et vous, ô saint vieillard, Pontife vénérable !
Relevez votre front que la douleur accable
  A l'aspect de tant de forfaits :
Dieu laisse quelquefois triompher l'injustice,
Il fait passer le juste au feu du sacrifice :
  L'homme périt ; le droit, jamais.

21 Novembre 1860.

CHANSON

LE CHANTRE DE VILLAGE

Hélas ! qu'un chantre est-il plus pauvre sire ?
Qui le rend donc aussi vain de sa voix ?
Sitôt qu'il chante, il s'écoute, il s'admire ;
Le tabouret en fait l'égal des rois.

    Oui, le chantre est un vrai monarque
    Pendant qu'il siége au tabouret ;
    Mais il en perd bientôt la marque,
    Il est sujet au cabaret.

C'est au lutrin que son orgueil domine ;
Et sa couronne est le bonnet carré :
Devant sa voix il faut que tout s'incline,
Depuis l'enfant de chœur jusqu'au curé.

    Oui le chantre est un vrai monarque
    Pendant qu'il siége au tabouret ;
    Mais il en perd bientôt la marque,
    Il est sujet au cabaret.

Pleine licence à tout chantre est permise :
Il s'époumonne en Jupiter tonnant ;
Puis, tout-à-coup, s'il le juge de mise,
Il se transforme en fausset glapissant.

 Oui, le chantre est un vrai monarque
 Pendant qu'il siége au tabouret ;
 Mais il en perd bientôt la marque,
 Il est sujet au cabaret.

Le naturel est chose qu'il déteste,
Avec grand soin il l'évite et le fuit ;
Ce lui serait un rôle trop modeste ;
Sa gloire, à lui, c'est de faire du bruit.

 Oui, le chantre est un vrai monarque
 Pendant qu'il siége au tabouret ;
 Mais il en perd bientôt la marque,
 Il est sujet au cabaret.

La voix est donc une source à sottise,
Chacun peut bien le dire sans façon :
Je ne vois pas comment elle autorise
Si pauvre sire à prendre un si haut ton.

Oui, le chantre est un vrai monarque
Pendant qu'il siége au tabouret;
Mais il en perd bientôt la marque,
Il est sujet au cabaret.

Si, par hasard, un mot de mal entente
Vient à blesser son esprit saugrenu,
Fier comme Achille, il rentre sous sa tente,
Et cache à tous son talent méconnu.

Oui, le chantre est un vrai monarque
Pendant qu'il siége au tabouret;
Mais il en perd bientôt la marque,
Il est sujet au cabaret.

Pourquoi le coq aime-t-il tant la guerre?
C'est pour chanter ensuite ses exploits ;
Et pourquoi l'âne est-il si volontaire ?
C'est qu'il est fier de sa puissante voix.

Oui, le chantre est un vrai monarque
Pendant qu'il siége au tabouret ;
Mais il en perd bientôt la marque,
Il est sujet au cabaret.

TABLE

	pages.
Cantique de Judith.	277
Cantique d'Habacuc	283
Psaume (Laudate dominum).	287
Cantique sur la confession.	288
Cantique pour Noël.	292
Cantique pour la communion.	297
Cantique pour le mois de Marie.	306
Cantique pour les Âmes du Purgatoire	310
Elégie sur la mort d'un enfant.	313
Massacres du Liban.	316
Castelfidardo.	320
Le chantre de village.	325

FIN.

Blois. — Imp. Giraud

www.ingramcontent.com/pod-product-compliance
Lightning Source LLC
Chambersburg PA
CBHW060501170426
43199CB00011B/1284